阶梯汉语
STEP BY STEP CHINESE

中级听力
Intermediate
Listening

3
课 本
本册主编
林凌 张念

林凌 张念 张舸 邓淑兰
范妍南 邓小宁 李丽 编著

华语教学出版社
SINOLINGUA

First Edition   2005

Second Printing   2009

ISBN 978-7-80200-027-8

Copyright 2005 by Sinolingua

Published by Sinolingua

24 Baiwanzhuang Road, Beijing 100037, China

Tel: (86) 10-68320585

Fax: (86) 10-68326333

http://www.sinolingua.com.cn

E-mail: hyjx@sinolingua.com.cn

Printed by Beijing Foreign Languages Printing House

Distributed by China International

Book Trading Corporation

35 Chegongzhuang Xilu, P. O. Box 399

Beijing 100044, China

Printed in the People's Republic of China

编写及使用说明

本教材的教学对象是在全日制学校学过一年（约800学时）汉语的外国留学生；掌握高等学校外国留学生汉语教学大纲（长期进修）中的初级词及汉语水平考试成绩达到三级的外国人也适用。

一、编写原则

（一）体现中级听力课的课型特点

本教材是听力教材，在编写上注意与精读、阅读等课程的区别，以听力训练为主，适量口头表达为辅，体现了中级听力课的特点：

1. 控制词汇及语法点的难度，本教材生词表的制定是以《高等学校外国留学生汉语教学大纲》（长期进修）为依据，并参考《汉语水平词汇与汉字等级大纲》，词汇表中的词汇80%为中级词，每课生词量一般为20～35个，逐册递增，全套书的生词总量为1598个；语法点均为大纲的中级语法项目。

2. 在语言风格上以口语表达形式为主，注意控制书面语的比例，注重固定短语、固定格式的运用。

3. 以强化训练为原则，力求在训练听力的同时使学生掌握一定的语言知识。课文分精听与泛听两部分，生词及语法点贯穿全课，并以"词→句→段"的形式结合功能、情景对生词及语法点进行重复训练。精听部分和泛听部分的有机结合保证了生词及语法点在课文中有一定次数的重现。

4. 练习侧重于训练学生对重点词语的捕捉能力、边听边记能力、听后理解能力及听后概括表达能力。练习形式力求多样化和有针对性。

（二）语料选用的科学性和实用性

成段语料一般根据原始材料进行改写。字数在300～700字之间，严格控制词汇等级以中级为主及语法点的分布，力求内容清晰，结构合理，语言规范。

注意选用与生活密切相关、时效性较强的语料，包括历史文化、自然科学、环境保护、伦理道德、新闻等方面的内容，对中国的历史、地理、文化、习俗、生活习惯等方面有相当的反映，目的使学生在学习语言知识的同时对中国有所了解。

（三）与汉语水平考试接轨

为了提高学生的应试能力，教材注重练习形式与汉语水平考试接轨。全书共安排八个单元测试，以全真汉语水平考试听力理解模拟试题的形式出现。

二、结构安排

本教材共有课文64课，分4册，文字材料与录音磁带并用，每册16课，分两个单元，包含14个课文及两个单元测试。

教材的课本包括生词表、课文及参考答案，供教师使用和学生课后复习时使用；练习册包括生词及练习，供学生听音时使用。课文部分的语料生词、语法点词语及练习的参考答案均加色标明，含语法点的句子下划线方式标明，以方便教师备课和学生复习。具体安排如下：

（一）生词表及语法点

生词表中生词的顺序是以其在泛听语料中出现的先后排列的，只出现中级以上的词语，并以汉语、英语双语结合的形式进行注释。一般以初级词和已学中级词注释，不能用已学词汇进行解释的则以英语进行注释，注释内容一般以课文出现的义项为主。

语法点以例句形式出现，通过例句理解语法点。

（二）精听部分

精听部分主要针对课文的生词及语法点而设计，为泛听部分作准备。以"词→句→段"的形式由易到难地进行练习。包括：第一部分的听句子填空，目的是引进重点生词及语法点，该部分所设计的句子力求提供相关的信息，帮助学生理解生词及语法点，填空处可以用汉字或拼音填写；第二部分是听句子或简短对话选择正确答案，目的是对生词及语法点作进一步的理解及应用；第三部分是听成段对话选择正确答案，目的是结合情景对话对生词、语法点加深理解，该部分适当安排固定格式、固定短语、习惯用语等，使学生在更大的语境中理解生词及语法点，同时力求对学生进行语感的培养。

（三）泛听部分

泛听部分主要是针对听后理解而设计的。以"大意→细节"的形式由易到难进行练习。每课安排两段语料，每段语料后各有三个练习，包括：简单回答问题或判断句子正误，训练学生对语料基本意思的理解；选词填空、画出录音出现的词语、填表、连线等，训练学生辨听重点词语及边听边记等方面的能力，同时理解语料的具体内容；根据要求选择正确答案，对语料具体内容进一步理解。

（四）讨论题

讨论题是本教材的最后一个练习，是为训练学生听后口头表达能力而设计的。内容包括对泛听语料的理解及相关内容的讨论。

本教材对泛听语料的听音次数不作限定，教师可根据学生的水平灵活掌握。

本教材是周小兵先生主持编写的中国对外汉语教学学会华南分会对外汉语系列教材中的一部，由中山大学国际交流学院对外汉语系林凌、邓淑兰、张念、邓小宁、李丽和华南师范大学张舸、范妍南等几位教师合作编写。具体分工如下：全书的总体设计、语料生词的统定及最后审稿由林凌负责；第一册由邓淑兰负责；第二册由张舸负责；第三册由张念负责；第四册由邓淑兰负责。林凌、邓淑兰、张念、张舸、范妍南参加了全书的编写；邓小宁、李丽参加了第三、第四册的编写。全书8册，由林凌、邓淑兰、张舸、张念审校统稿。

教材在编写的过程中，得到了中山大学国际交流学院对外汉语系周小兵老师、赵新老师和华南师范大学方小燕老师的具体指导和帮助，同时中山大学国际交流学院对外汉语系张世涛、刘若云、吴门吉、李英、徐霄鹰等老师也对教材的编写提出了宝贵的意见，在此向各位表示衷心感谢。

由于水平所限，教材一定还存在着许多不足，希望各位同行批评指正。

编 者
2005 年 2 月

目录 CONTENT

第一课

慷慨的吝啬、用上所有的力量

生 词

1. 慷慨　kāngkǎi（形）大方；不吝啬
2. 玩具　wánjù（名）儿童玩儿的东西
3. 看起来　kànqǐlái　看上去
4. 不以为然　bùyǐwéirán　不认为是对的，表示不同意
5. 告辞　gàocí（动）（向主人）告别；告诉别人自己要离开
6. 剩余　shèngyú（动）从某个数量中减去一部分以后留下来
7. 玩意儿　wányìr（名）指东西，事物
8. 一时　yìshí（副）短时间；暂时
9. 领会　lǐnghuì（动）理解事物并有所体会
10. 傻瓜　shǎguā（名）（curse or humor）fool
11. 若　ruò（副）要是；如果
12. 沙　shā（名）sand
13. 池　chí（名、量）旁边高中间低的地方
14. 铲子　chǎnzi（名）shovel
15. 沙滩　shātān（名）sand beach
16. 巨大　jùdà（形）非常大
17. 岩石　yánshí（名）rock
18. 并　bìng（副）两件以上的事情同时进行
19. 企图　qǐtú（动）打算
20. 灰心　huīxīn（形）遇到困难或失败而失去信心
21. 发起　fāqǐ（动）to start or launch (a war, an attack etc.)
22. 冲击　chōngjī（名、动）to lash against an object
23. 进展　jìnzhǎn（名、动）（事情）向前发展
24. 拼　pīn（动）不顾一切地做某事
25. 过程　guòchéng（名）course of events, process
26. 坚定　jiāndìng（形）(of stand, opinion, will, etc.) firm

语法点

1. **程度补语：差得远**　　要翻译汉语小说，你的水平还不行，差得远呢！
2. **连词：要么**　　要么去游泳，要么去打球，你说吧，我听你的。

精听部分

一、听句子，填空：

1. 天这么黑，<u>看起来</u>要下雨了。
2. 战士们向敌人发起了一次又一次的<u>冲击</u>。
3. 虽然他的话不多，但他的表情让我<u>领会</u>了他的意思。
4. 老人手脚<u>并</u>用，终于爬上了山顶。
5. 虽然失败了，但他没有<u>灰心</u>，而是继续努力，最后终于成功了。
6. 我以前见过他，可是<u>一时</u>想不起他叫什么名字。
7. 这个手术比较复杂，整个<u>过程</u>大概需要6个小时。
8. 他用爷爷奶奶给的压岁钱买了几本小说，<u>剩余</u>的钱就存进了银行。
9. 父亲总是告诉我，没有<u>坚定</u>的信念，就不会成功。
10. 他<u>企图</u>把门推开，可是用了很大的劲儿都开不了。
11. 这篇文章<u>若</u>能再改一下儿就更好了。
12. 客人<u>告辞</u>的时候，主人非常热情地把他们送到楼下。
13. 你真是个<u>傻瓜</u>，他说太阳从西边出来你就相信。
14. 为了赚钱给孩子上大学，他<u>拼</u>了命地工作。
15. 现在电视机已经不是什么新鲜<u>玩意儿</u>了。

二、听句子，根据要求选择正确答案：

1. 他工作很忙，一时来不了了。
    问：这句话的意思是：
        A. 他工作很忙，但一会儿就来
        B. 他工作很忙，可能不会来了
        C. 他工作很忙，暂时来不了
        D. 他工作很忙，但肯定会来

2. 他虽然不那么有钱，也不太聪明，但是，他慷慨、乐观，从不灰心。
    问：关于"他"的特点不包括下面哪一项？
        A. 不是很有钱
        B. 不太聪明
        C. 大方
        D. 灰心

3. 我的朋友喜欢听海水冲击岩石的声音，几乎每年夏季他都要到海边去。
    问：我的朋友为什么到海边去？
        A. 因为他的家在那里
        B. 因为海水拍打岩石的声音很好听

        C. 因为海边很美
        D. 因为夏天有时间

4. 我怕耽误他的时间，谈了一会儿就告辞了。
    问：这句话的意思是：
        A. 我没有时间
        B. 他很空，有时间
        C. 我跟他谈了一会儿，我就走了
        D. 我跟他谈了一会儿，他就走了

5. 有的人外语听和说的能力很强，可是读和写的能力很差，其实，我觉得学习外语应当听、说、读、写并重。
    问：这句话的意思是：学习外语
        A. 听、说最重要
        B. 读、写比听、说重要
        C. 听、说最难
        D. 听、说、读、写都很重要

6. 妈妈告诉孩子，要么买一个玩具，要么吃麦当劳，只能选一样。
    问：下面哪一项的意思和原句不符？
        A：可以选择买一个玩具
        B：可以选择吃麦当劳
        C：不能又买玩具又吃麦当劳
        D：除了买玩具和吃麦当劳，还可以有别的选择

7. 以前我说要去北京旅游，你不是说假期不够长，就是说工作忙，现在你有一个星期的假期，这次你非陪我去不可。
    问："我"去北京的态度怎么样？
        A. 等有时间再去
        B. 特别坚定
        C. 工作忙也得去
        D. 拿不定主意

8. 假期的时候，我回老家，居然找不到回家的路了，原来的平房都变成了楼房，街上多了很多商店、饭店。
    问：说话人的意思是：
        A. 很久没回老家了
        B. 老家发生了巨大的变化
        C. 不记得回家的路了
        D. 老家的人搬家了

9. 小张上街带了500块钱，买了120块钱的衣服，140块钱的词典和书，买吃的东西用了80块钱。

   问：小张现在剩余的钱有多少？
   A. 140 块钱
   B. 120 块钱
   C. 80 块钱
   D. 160 元

10. 别灰心，我刚开始学汉语的时候，也分不清"四"和"十"的区别，可现在我的汉语不是说得挺好的吗？这需要一个过程。

    问：下面哪一句话不正确？
    A. 汉语不是一下子就能学好的
    B. 要有信心能学好汉语
    C. 分清楚汉语的"四"和"十"很容易
    D. 分清楚汉语的"四"和"十"不容易

11. 你若不吃药，病怎么能好呢？
    问：这句话的意思是：
    A. 如果不吃药，病不会好的
    B. 如果不吃药，病也能好
    C. 如果不吃药，病也可能会好
    D. 以上答案都不对

12. 这篇文章看起来很容易，可是真正领会文章意思的人很少。
    问：这句话的意思是：
    A. 只有几个人看过这篇文章
    B. 真正读懂这篇文章的人很少
    C. 这篇文章很有趣
    D. 这篇文章真正的意思不难理解

三、听对话，选择正确答案：

男：我像你这么大的时候，从来不像你现在这样，只知道坐在桌子前，天天玩儿电脑游戏，也不出去跑跑，像个傻瓜似的。

女：那怎么能比。你们那时候没有电脑，也没有太多的玩具。所以你们要么玩儿沙子，要么玩儿石头，是吧？

男：你听谁说的？你怎么知道我小的时候爱玩儿泥沙？

女：看你现在的样子就知道了。你只要在家休息，就老是拿着铲子在院子里弄沙子、泥和石头，说是在整理院子，其实你是在玩儿泥沙，都这么大年纪了，还玩儿泥沙，你才是傻瓜！

男：我是在整理院子，并不是玩儿泥沙！我做的是有意义的事情，没有我，这院子能这么漂亮吗？

女：我也不是玩儿电脑，是学习电脑知识，看起来你我差不多，我们父女俩做的都是有意义的事情。

男：怎么会差不多呢？你在玩儿，我可是在干活，差得远了！

问：

1. 这两个人的关系可能是：
    A．同事
    B．父女
    C．同学
    D．兄弟

2. 女的正在做什么？
    A．玩儿沙子
    B．玩儿石头
    C．玩儿电脑游戏
    D．整理院子

3. 男的在家休息做些什么？
    A．玩儿电脑
    B．睡觉
    C．整理院子
    D．玩儿泥沙

4. 男的对女的天天玩儿电脑游戏有什么看法？
    A．没意见
    B．不满意
    C．很好奇
    D．很高兴

5. 从两人的对话，我们可以知道：
    A．以前没有电脑
    B．现在人们玩儿的东西跟以前很不一样
    C．男的不会玩儿电脑游戏
    D．A 和 B

泛听部分

慷慨的吝啬

我一直以为自己是一个慷慨的人。因为我很喜欢送东西给别人，比如我不喜欢的衣服、玩具和装饰品。

我以为接受过我的小礼物的人，一定喜欢并感谢我。但是，父亲却认为，这看起来是慷慨，其实是吝啬。对此，我并不以为然。

有一天，父亲带我去拜访他的老朋友陈伯伯。告辞时，陈伯伯送给我们一箱苹果。

回到家，我和父亲把箱子打开，发现里面是一些很不新鲜、比鹅蛋大一圈的小苹果。我忍不住大叫："扔了都没人要的东西还送给我们！？"

父亲指着地上的苹果，说："这些苹果至少告诉我们两个信息：第一，这是别人送的，如果是自己买的就不会放这么久。第二，这是他们吃不了剩余的，扔了又觉得可惜。"我看也不看那些苹果，用鼻子哼了一声："哼，什么破玩意儿！"

父亲看着我，说："你刚才说什么？再重复一遍！"

我说："什么破玩意儿？"我看着父亲，一时没领会他的意思。

"对，什么破玩意儿！当你把自己不喜欢、不需要的东西送给别人时，你得到的就是这句话！"

父亲看着我，又说："记住，不要把别人当傻瓜。他会和你一样，知道这东西的价值。要么不送，若要送，就把自己认为最好、最喜欢、最舍不得的东西送给别人。"

（根据《读者》同名文章改写）

一、判断句子正误：

1. 我很喜欢送东西给别人。（✓）
2. 陈伯伯告诉我们苹果是别人送给他的。（✗）
3. 父亲希望通过这箱苹果让我明白一个道理。（✓）
4. 父亲的意思是：你自己不喜欢不想要的东西，就不要送给别人。（✓）

二、选择括号中正确的词语或短语填空：

1. 父亲却认为，送自己不喜欢的东西给别人＿＿＿＿＿＿＿＿（看起来、看一看）是慷慨，其实是吝啬。对此，我不以为然。
2. 我＿＿＿＿＿＿＿＿（禁不住、忍不住）大叫："扔了都没人要的东西还送给我们！？"
3. 父亲说，这是他们吃不了＿＿＿＿＿＿＿＿（剩余、多余）的，扔了又觉得可惜。
4. 我看着父亲，一时没＿＿＿＿＿＿＿＿（理会、领会）他的意思。
5. ＿＿＿＿＿＿＿＿（要么、要是）不送，若要送，就把自己认为最舍不得的东西送给别人。

三、选择正确答案：

1. 我自以为是一个慷慨的人，因为：
   A．我常常送新衣服给别人
   B．我把自己最喜欢的东西送给别人
   C．我把自己不喜欢的东西送给被人
   D．我给别人送了一箱苹果

2. 父亲认为我把自己不喜欢的东西送给别人的做法是：
   A．吝啬
   B．慷慨
   C．大方
   D．很聪明

3. 陈伯伯和父亲是什么关系？
   A．同事
   B．邻居
   C．朋友
   D．亲戚

4. 我觉得陈伯伯送的那箱苹果怎样？
   A．很好
   B．不好
   C．不错
   D．以上答案都不对

用上所有的力量

星期六上午，一个小男孩儿在院子里的沙池玩儿，沙池里有两件小工具：一只塑料水桶和一把小塑料铲子。小男孩儿在松软的沙滩上修公路，在沙池的中间他发现了一块"巨大"的岩石。

于是他手脚并用，开始挖掘岩石周围的沙子，企图把它从泥沙中弄出去。似乎没费太大的力气，岩石便被他连推带滚地弄到沙池边了。不过，他还是个小孩儿，无法把岩石翻过沙池，扔到外面去。但他没有灰心，一次又一次地向"岩石"发起冲击，可是，每当他刚刚觉得取得了一些进展的时候，岩石便往下滑，重新掉回沙池里。

小男孩儿气得哼哼直叫，拼出全身的力气。但是，他得到的惟一的结果便是岩石再次滚回沙池，还弄伤了他的手指，以他的力气，要搬动这块岩石，<u>还差得远呢！</u>最后他伤心地哭了起来。

整个过程，小男孩儿的父亲从窗户里看得清清楚楚。看到孩子再也想不出什么办法的时候，父亲来到了他跟前。

父亲的话温和而坚定："儿子，你为什么不用上你所有的力量呢？"

灰心的小男孩儿哭着说道："爸爸，我已经尽力了！我用尽了我所有的力量！"

"不对，儿子，"父亲亲切地纠正道，"你并没有用尽你所有的力量。你没有请求我的帮助。"

父亲弯下腰，抱起岩石，将岩石搬出了沙池。

(根据《读者》同名文章改写)

一、回答问题：

1. 发现"岩石"时，孩子正在干什么？在沙池里玩儿沙
2. 开始孩子是怎样处理"岩石"的？他手脚并用，想把岩石搬出沙池
3. 后来他为什么哭了？他没办法把岩石搬出沙池
4. 父亲为什么说孩子没有用尽自己所有的力量？他没有请求别人的帮助
5. "岩石"最后怎么了？岩石被父亲搬出了沙池

二、听录音填空：

小男孩儿在沙池的中间发现了<u>一块</u><u>巨大</u>的岩石，他<u>企图</u>把它从泥沙中弄出去。他一次又一次地向"岩石"<u>发起冲击</u>，可是，每当他刚刚觉得取得了<u>一些</u><u>进展</u>的时候，岩石又掉回沙池里，但他<u>没有</u>灰心。

三、选择正确答案：

1. 小男孩儿是怎么把"岩石"弄到沙池边的？
   A. 滚过去的
   B. 手脚并用，连推带滚
   C. 用手推过去的
   D. 请父亲抬过去的

2. 小男孩儿为什么不能将岩石弄到沙池外面去？
　　A. 他的力气不够
　　B. 他的手指伤了
　　C. 岩石距离沙池边很远
　　D. 他没有用尽他自己的力量

3. 父亲是怎么知道孩子需要帮助的？
　　A. 他一直在孩子身边
　　B. 他听到了孩子的哭声
　　C. 孩子向他求助了
　　D. 他一直站在窗前看着孩子

4. 父亲对孩子说了什么？
　　A. 你应该请求别人的帮助
　　B. 你没有请求我的帮助
　　C. 别哭了，孩子。我来帮助你
　　D. 哭是不对的，孩子

讨论题：
1. 在《慷慨的吝啬》这篇文章中，父亲是怎么教育孩子的？你认为他的话有没有道理？
2. 在《用上所有的力量》这篇文章中，你觉得小男孩儿的性格怎么样？他的做法对吗？父亲教他请求帮助对吗？

第二课

留学归来的陈国红、曹玉冰与她的服装设计中心

生 词

1. 集团　　jítuán（名）group, circle and bloc
2. 人力　　rénlì（名）人的劳动力或人的力量
3. 感慨　　gǎnkǎi（动、名）to sigh with emotion
4. 证书　　zhèngshū（名）certificate
5. 销售　　xiāoshòu（名、动）卖；出售
6. 因特网　yīntèwǎng（名）internet
7. 清醒　　qīngxǐng（形、动）头脑清楚　sober
8. 岗位　　gǎngwèi（名）post
9. 服饰　　fúshì（名）dress and personal adornment
10. 设计　　shèjì（名、动）design
11. 兴旺　　xīngwàng（形）prosperous, flourishing, thriving
12. 交谈　　jiāotán（动）通过谈话交换想法或意见
13. 理想　　lǐxiǎng（名）对未来事物的希望
14. 话题　　huàtí（名）谈话的中心或谈论的问题
15. 创作　　chuàngzuò（名、动）创造文学艺术作品
16. 感想　　gǎnxiǎng（名）由事物引起的思想活动
17. 针线活儿　zhēnxiànhuór（名）needlework
18. 窗帘　　chuānglián（名）curtain
19. 功能　　gōngnéng（名）作用　function
20. 遮　　　zhē（动）to cover up
21. 形象　　xíngxiàng（名）image, form, figure
22. 收藏　　shōucáng（动、名）收集保存
23. 偶然　　ǒurán（副）不是经常的
24. 制作　　zhìzuò（动）制造
25. 时尚　　shíshàng（名、形）时髦，流行的（事物等）

专有名词

1. 陈国红　　　　Chén Guóhóng　人名
2. 澳利集团　　　Àolì Jítuán　集团名
3. 山东　　　　　Shāndōng　省名
4. 济南　　　　　Jǐnán　市名
5. 曹玉冰　　　　Cáo Yùbīng　人名

语法点

1. **再……也……**　　这辆车再怎么修也修不好了。
2. **副词：随后**　　你先去，我随后就去。

精听部分

一、听句子，填空：

1. 这项工作需要九个人，我们只有三个人，<u>人力</u>实在不够。

2. 经过四年的刻苦学习，小王终于拿到了计算机专业的毕业<u>证书</u>。

3. 小王从事<u>销售</u>工作后，人变得活泼、爱说话了。

4. 中午睡一觉，头脑就特别<u>清醒</u>，做事情快很多。

5. 工作<u>岗位</u>不同，责任的大小和收入的多少都可能不一样。

6. 很多人的成功看起来是因为一些<u>偶然</u>的机会，其实都是努力的结果。

7. 这座大桥是小张<u>设计</u>的，你没想到吧？

8. 饭店生意<u>兴旺</u>的时候，她常常清晨四点多钟就要上班了。

9. 我的<u>理想</u>是当一名医生，不过现在当老师也挺好的。

10. 现在的年轻人感兴趣的<u>话题</u>是买什么牌子的车，哪一个式样的手机最时髦。

11. 你在中国学习了三年，能谈谈你的<u>感想</u>吗？

12. 听说小李<u>收藏</u>了很多名人的字、画，哪天咱们也去看看。

13. 李老师每年都能收到学生们亲手<u>制作</u>的生日卡。

14. 你现在工作了，应该注意自己的<u>形象</u>，别老是穿牛仔裤。

15. 我和他只<u>交谈</u>过一两次，不算特别熟。

二、听句子，根据要求选择正确答案：

1. 这个窗朝西，必须挂上窗帘，否则太晒了。
   问：窗帘的功能是什么？
   - A. 挡风
   - B. 遮太阳
   - C. 防止小偷
   - D. 挡雨

2. 从一个人的服饰常常可以看出他是做什么工作的，爱好是什么。
   问：说话人认为，从一个人的服饰可以看出什么？
   - A. 他工作的地方
   - B. 他的性别、年龄
   - C. 他的生活习惯
   - D. 他的职业和某些性格特点

3. 我是在和他的交谈中，发现他对服装设计感兴趣的。
   问：说话人的意思不包括下面哪一项：
   - A. 我和他谈过话
   - B. 他喜欢服装设计

C．我早就知道他对服装设计感兴趣

D．我和他谈过服装设计这个话题

4．老师要求我们拿家里没有用的纸和瓶子制作一个玩具。

问：说话人的意思是：

A．老师要给我们做一个玩具

B．老师要我们用白纸做玩具

C．老师要我们在家里做玩具

D．老师要我们用纸和瓶子做一个玩具

5．现在很多人把收藏工艺品当作一种时尚。

问：这句话的意思是：

A．我不喜欢收集工艺品

B．收集工艺品是一种工作

C．现在流行收集工艺品

D．收集工艺品很浪费时间

6．上大学的时候，我们交谈的内容除了学习，就是理想；现在我们工作了，结婚了，见了面聊的就是房子、孩子、丈夫什么的了。

问：现在我们谈论的话题不包括下面哪一项：

A．理想

B．房子

C．孩子

D．先生

7．明天晚上先给学生发毕业证书，随后举行汉语表演晚会。

问：这句话的意思是：

A．证书发完后，马上举行晚会

B．一边发证书，一边看表演

C．先举行晚会，最后发证书

D．发证书是晚会中的一个节目

8．现在生活的节奏太快了，上班的人都没时间做饭，所以饭店的生意比以前兴旺多了。

问：下面哪句话和原句的意思不符？

A．上班的人都很忙

B．现在饭店的生意特别好

C．做饭需要时间

D．现在的人很懒，不愿意做饭

9．冬天，在服装店里不容易找到夏天的服装，因为服装的销售有季节规律。

问：服装店服装的一般销售规律是：

A．冬天卖夏天的服装

B．夏天卖冬天的服装

C．哪个季节卖哪个季节的服装

D．A 和 B

10. 有一次上课我走错了教室，听了一节汉语课，没想到就是因为这节课使我对汉语产生了兴趣。

问：下面哪句话和原句的意思不符？

A．我原来没打算听汉语课

B．一次偶然的机会使我对汉语有了兴趣

C．我早就知道汉语课很有意思

D．听汉语课之前，我对汉语没有兴趣

11. 搬家太累了，以后就是有再大、再漂亮的房子，我也不搬了。

问：这句话的意思是：

A．我现在住的房子很大

B．我现在住的房子很漂亮

C．我再也不想搬家了

D．我不需要搬家

三、听对话，选择正确答案：

1. 男：这两个玩具没什么不同啊，为什么价格不一样？

   女：看起来是没什么不同，不过这个贵的是今年新设计的，玩具不但会发出声音，而且还会学人讲话。

   问：下面哪一项不是贵的玩具的特点？

   A．会发出声音

   B．会学人讲话

   C．会模仿人的动作

   D．是今年的新产品

2. 甲：好久没见你来买菜了，最近在忙什么呢？

   乙：我天天在家上网，和老朋友聊天儿。我劝你也学学电脑。

   甲：我都退休了还学什么电脑呀，再说，我用笔写文章快着呢，一点儿也不比年轻人慢。

   乙：你退休了，难道我还在上班？写文章只是电脑的一个功能，用电脑可以听音乐，可以设计制作生日卡，上网还可以看新闻，买东西，用途多啦。自从学会用电脑，我发现自己知道的东西比以前多多了，年轻人的时尚话题，像买什么牌子的车，现在流行什么式样的手机，我都不陌生。

   甲：看来你是越活越年轻了。

   乙：对了，你儿子不是在国外吗？通过因特网写信，几秒钟就能收到，比寄信快多了。不在一个城市的老朋友约好时间也可以通过网络交谈，可方便了，而且上网比打电话便宜多啦。

甲：电脑的好处这么多，看来再难我也得学了。
乙：其实电脑不难学，就跟玩儿游戏一样。

问：
(1) 对话中的两个人可能在什么地方谈话？
    A．办公室
    B．市场
    C．车上
    D．饭店

(2) 对话中的两个人：
    A．都喜欢玩儿电脑
    B．有一个人退休了
    C．都退休了
    D．都没退休

(3) 下面哪一个电脑功能对话没有提到？
    A．写文章
    B．听音乐
    C．查资料
    D．看新闻

(4) 下面哪句话跟原文不符？
    A．上网聊天儿很方便，但是比打电话贵
    B．通过网络发信比寄信快多了
    C．上网可以了解年轻人的时尚话题
    D．可以在网上买东西

(5) "电脑的好处这么多，看来再难我也得学了。"这句话的语气是：
    A．坚决
    B．羡慕
    C．惊讶
    D．无可奈何

泛听部分

留学归来的陈国红

陈国红是澳利集团人力资源部主管，曾经留学日本，属于"海归"人士。

说起在日本的留学生活，陈国红非常感慨。她来自山东农村，这决定了她一切都必须依靠自己。1996年她从大学毕业，为了今后在工作中有更多的发展机会，她决定自费到日本留学。离开中国去日本她没有拿家里的一分钱。在日本两年，每年的学费和生活费要十几万元，都是她自己想办法挣的。一般她是早上四点起床，到饭馆上班，八点再去上学。如果饭馆生意特别好，早上两点就要去上班。到了寒暑假还要找其他的工作。

经过一番努力，陈国红终于在1999年拿到了日本一所大学的经济管理毕业证书。同年回到国内，她先在济南一家公司任销售经理，干了几个月觉得不合适，随后就把自己的资料贴到了因特网上。接下来就与澳利集团有了三次接触。2000年4月，陈国红到了澳利集团，先做翻译，然后在上海工作了一段时间，最后成为集团公司的人力资源部主管，她的工作很有成绩，是一位快乐的职业女性。

几年来，生活和工作的经历使陈国红清醒地认识到，人活着，第一是要努力做一点儿自己喜欢做的事情；第二是要找一个适合自己的岗位，作为一个女性尤其应该如此。

(根据《广州文摘报》相关文章改写)

一、判断句子正误：

1. 陈国红的家乡在农村。（✓）

2. 陈国红是 1996 年在日本大学毕业的。（×）

3. 回国后，陈国红当过销售经理、翻译，现在任人力资源部主管。（✓）

4. 陈国红认为人活着只是为了做自己喜欢的事情。（×）

5. 陈国红喜欢自己现在的工作。（✓）

二、听录音，选择括号中正确的词语或短语填空：

经过_____（一次、一番）努力，陈国红终于拿到了日本一所大学的毕业证书。回到国内，她先在济南一家公司工作，干了几个月觉得不_____（合作、合适），_____（然后、随后）就把自己的资料_____（贴、放）到了因特网上。接下来就与澳利集团有了三次接触。2000年4月，陈国红到了澳利集团工作，后来在上海工作了一段时间，现在在_____（集团、集体）公司的_____（劳力、人力）资源部工作。

三、选择正确答案：

1. 陈国红是哪一年从日本回国的？

A．1996

B．1997

C．1998

D．1999

2. 陈国红在日本学习的学费是谁付的?
   A. 母亲
   B. 学校
   C. 自己
   D. 朋友

3. 陈国红在日本学的是什么?
   A. 销售
   B. 经济管理
   C. 人力资源管理
   D. 翻译

4. 陈国红到了澳利集团先做什么工作?
   A. 翻译
   B. 销售
   C. 主管
   D. 经理

5. 用哪一句话形容陈国红比较合适?
   A. 农民企业家
   B. 女商人
   C. 职业女性
   D. 女学者

曹玉冰与她的服装设计中心

曹玉冰是华族服饰设计中心的总经理，大家都知道她的服装生意做得非常兴旺。在与她的交谈中，她不是谈经营策略、经营理想方面的话题，而是谈她在艺术方面的一些愿望、一些创作感想。

她说，她从小就喜欢做针线活儿，比如给自己的衣服绣上一朵花，或者缝一些小玩具。到了年纪稍微大一些，她就开始绣窗帘、创作一些有艺术欣赏价值的台布，直到现在做针线活儿依然是她的一大爱好，家里的装饰品基本上是自己亲手做的。

来到她的公司，她的办公室再怎么看也不像个生意人的办公室，倒像是一个艺术家的工作室。曹玉冰与其他商人最大的不同是，她把工作当作是艺术创作。她认为服装有三种功能——第一功种能是遮身防寒，第二种功能是表现个人的形象美，第三种功能则是成为供人欣赏、收藏的艺术品。有些艺术家偶然接触到她设计的服装，很快就成了她的顾客，并成为她服装作品的最主要欣赏者。

曹玉冰把自己的公司命名为华族服饰，不仅仅是在衣服上描龙绣凤，更重要的是在服装的样式上、制作手段上将现代感、时尚感与中国的传统文化艺术完美地结合起来，使之成为艺术品。

（根据《广州文摘报》相关文章改写）

一、回答问题：

1. 曹玉冰是干什么工作的？ 华族服饰设计中心的总经理
2. 曹玉冰小时候最喜欢做什么？ 做针线活儿
3. 曹玉冰与其他商人的最大不同表现在哪里？ 她把工作当作是艺术创作
4. 哪些人是曹玉冰服装作品的最主要欣赏者？ 一些艺术家

二、听录音，填空：

来到她的公司，她的办公室再怎么看也不像个生意人的办公室，倒像是一个艺术家的工作室。她认为服装有遮身防寒、表现个人的形象美、供人收藏的功能。一些艺术家偶然接触到她设计的服装，很快就成了她的顾客，并成为她服装作品的最主要欣赏者。

三、选择正确答案：

1. 与曹玉冰交谈，她一般会谈什么？
   A. 经营策略
   B. 销售情况
   C. 创作感想
   D. 服装生意

2. 曹玉冰家里的装饰大多数是：
   A. 买的
   B. 自己做的
   C. 艺术家送的
   D. 艺术画

3. 曹玉冰认为服饰有几种功能？
   A．两种
   B．四种
   C．三种
   D．五种

4. 为什么艺术家会成为曹玉冰服装作品的主要欣赏者？
   A．曹玉冰的服装有龙凤图案
   B．曹玉冰的服装价钱合理
   C．曹玉冰的服装像艺术品
   D．曹玉冰是他们的朋友

5. 下面哪一项是曹玉冰服装的特点？
   A．传统、华丽、时尚
   B．现代、时尚、经济
   C．经济、时尚、华丽
   D．现代、时尚、传统

讨论题：
1. 你觉得陈国红和曹玉冰两人身上有哪些共同点？
2. 根据课文的介绍，你喜欢曹玉冰设计的服装吗？

第三课

敦煌石窟、乐山大佛

生 词

1. 至今　　zhìjīn（副）直到现在
2. 尊　　　zūn（量）measure word for Buddhist sculptures
3. 雕凿　　diāozáo（动）to carve and chisel
4. 精美　　jīngměi（形）exquisite, elegant
5. 石刻　　shíkè（名）刻着文字、图画等的石头工艺品，或指石头上面刻的字、图画
6. 端正　　duānzhèng（形）指物体不歪斜，各部分比例协调
7. 膝盖　　xīgài（名）knee
8. 眉毛　　méimao（名）brow
9. 横　　　héng（形）horizontal
10. 庄严　　zhuāngyán（形）solemn, dignified, stately
11. 慈爱　　cí'ài（形）年长的人对年幼的人的爱
12. 描绘　　miáohuì（动）用文字或图画把人或事物表现出来
13. 神仙　　shénxiān（名）supernatural being
14. 生动　　shēngdòng（形）vivid, lively
15. 繁荣　　fánróng（形）flourishing
16. 逝世　　shìshì（动）死
17. 工程　　gōngchéng（名）engineering, project
18. 中断　　zhōngduàn（动）to interrupt
19. 雄伟　　xióngwěi（形）形容自然景物或建筑物高大、强大的样子
20. 规模　　guīmó（名）scale, scope
21. 雕塑　　diāosù（名）sculpture
22. 壁画　　bìhuà（名）画在墙上的画
23. 题材　　tícái（名）subject matter, theme
24. 涉及　　shèjí（动）to involve, to relate to
25. 宗教　　zōngjiào（名）religion
26. 相比　　xiāngbǐ（动）互相比较
27. 绝　　　jué（副）极，最
28. 学科　　xuékē（名）branch of learning
29. 评价　　píngjià（动）to appraise, to evaluate

1. 乐山市　　　　Lèshān Shì　市名
2. 凌云山　　　　Língyúnshān　山名
3. 唐朝　　　　　Tángcháo　Tang Dynasty
4. 弥勒佛　　　　Mílèfó　佛教菩萨　Maitreya
5. 海通和尚　　　Hǎitōng héshang　a Buddhist monk
6. 敦煌莫高窟　　Dūnhuáng mògāokū　name of a cave
7. 甘肃省　　　　Gānsù Shěng　省名
8. 敦煌市　　　　Dūnhuáng Shì　市名

语法点

1. 副词：仍旧　　十年过去了，小张仍旧是老样子，既年轻又漂亮。
2. 副词：总共　　加上刚来的新同学，我们班总共有二十个人。

精听部分

一、听句子，填空：

1. <u>雄伟</u>的万里长城是中国人民的骄傲。
2. 我和玛丽虽然不在同一个国家，但我们<u>至今</u>还保持着联系。
3. 我特别喜欢中国的工艺品，所以有朋友到中国，我就会让他帮我买几件<u>精美</u>的工艺品。
4. 在这次国际乒乓球比赛中，他得了第一名。当<u>庄严</u>的五星红旗升起来时，他激动得哭了。
5. 李大爷对孩子们总是很热情，一脸<u>慈爱</u>的样子。
6. 这里的市场很<u>繁荣</u>，社会生活也比较稳定。
7. 我们班<u>绝</u>大部分同学都参观了展览会，只有一两个同学没有去。
8. 虽然是下雨天，街上的人<u>仍旧</u>和平常一样多。
9. 我从1983年就开始在这里工作了，到现在<u>总共</u>有20年了。
10. 要在三个月里把这项工作做完实在是太难了，就是<u>神仙</u>也办不到。
11. 大学毕业后，我们在不同的城市里工作，都很忙，渐渐地就<u>中断</u>了联系。
12. 小王觉得这本小说写得很好，对它的<u>评价</u>可高了，你有空儿也看看吧。
13. 这个问题我不愿意多谈，因为<u>涉及</u>别人的秘密。
14. 你看人家小李多成熟，<u>相比</u>之下你就像个不懂事的孩子。
15. <u>宗教</u>方面的问题你最好问李教授，这方面他比较有研究。

二、听句子，根据要求选择正确答案：

1. 我不像你经历那么丰富，当过警察、记者，还干过销售，从大学毕业至今我就一直当老师。
   问："我"现在从事什么工作？
   A. 警察
   B. 记者
   C. 销售
   D. 教师

2. 我觉得小陈挺聪明，但就是做事情不太认真。
   问：说话人对小陈的评价怎么样？
   A. 很高
   B. 很差
   C. 很客观
   D. 好得不得了

3. 我特别喜欢看小王主持的节目，节目内容涉及中国的经济、法律、历史等。
   问：小王主持的节目内容不包括下面哪一项？
   A. 中国文化
   B. 中国历史

C. 中国法律

D. 中国经济

4. 他家里有一尊形象特别的佛像。
   问：从这句话可以知道什么？
   A. 他家里有一尊奇怪的佛像
   B. 他家里有一尊样子特别的佛像
   C. 他家里有一尊特别好看的佛像
   D. 他家里只有一尊佛像

5. 和过去几年相比，这里已经不像以前那么漂亮、干净了，不过游客仍旧很多。
   问：从这句话中可以知道这个地方怎么样？
   A. 现在很漂亮，很干净
   B. 原来游客不太多，现在很多
   C. 游客一直很多
   D. 原来又新又漂亮，现在又脏又旧

6. 那个作家逝世后，他的夫人就中断了原来一直坚持的阅读和写作。
   问：关于作家夫人，下面哪一个说法是正确的？
   A. 丈夫去世后，她继续坚持阅读和写作
   B. 丈夫去世后，她就没有阅读和写作了
   C. 丈夫去世后，她就只阅读不写作了
   D. 丈夫去世后，她的阅读和写作仍旧正常

7. 这个问题涉及两个国家的宗教、历史、政治、经济和文化等许多方面，很复杂，几句话哪儿说得清楚。
   问：这个问题为什么复杂？
   A. 因为它是个历史问题
   B. 因为它和许多方面有关系
   C. 因为它仅仅和政治有关系
   D. 因为它和其他国家有关系

8. 他是一位慈爱的父亲，从来不打骂孩子，最多只是严肃地讲道理。
   问：这句话的意思是：
   A. 这位父亲经常打孩子
   B. 这位父亲经常骂孩子
   C. 这位父亲对孩子们很和气
   D. 这位父亲对孩子们很严肃

9. 王教授至今都没有对那篇文章做出任何评价。
   问：从这句话中可以知道什么？

    A. 王教授不喜欢那篇文章

    B. 王教授没有看过那篇文章

    C. 王教授曾经对那篇文章做过评价

    D. 到现在都没有人知道王教授对那篇文章的看法

10. 小李写的小说不是关于历史故事的，就是关于警察生活的，从不涉及校园生活。

    问：小李的小说题材是：

    A. 历史故事

    B. 警察生活

    C. 校园生活

    D. A 和 B

三、听对话，选择正确答案：

1. 男：小王有 35 元，小张有 15 元，我还剩 25 元，你还有多少钱？

    女：我跟你一样，只有 25 元。我们这点儿钱还能上饭店吃饭啊？

    问：对话的内容不包括下面哪一项？

    A. 四个人总共只有 100 元

    B. 四个人的钱不够在饭店吃一顿饭

    C. 四个人的钱足够在饭店吃一顿饭了

    D. 小王是四个人中钱最多的

2. 男：这么多人往里边挤，怎么办呢？

    女：把桌子横着放在门口，外面的人就进不来了。

    问：外面的人怎么就进不来了？

    A. 用桌子堵住门

    B. 有人挡住了门

    C. 门没开

    D. 外面的人不想进来

3. 女：你在看什么书？这么认真！

    男：《中国雕塑艺术》，非常有意思。我特别喜欢这些人物雕塑。你看这几尊大佛，庄严、雄伟；你看这几座现代人物雕塑多有趣儿，老人的胡子、眉毛像真的似的，小男孩儿笑的样子生动极了。要知道，这可都是些石头呀！

    女：后天就要考数学了，你还看这些书？你不是想改学雕塑吧？

    男：那可说不准。这个学期没时间学，以后有时间去美术学院找个家庭教师教我。哎，我当初怎么就没想到去考美术学院呢？上中学时，我花了三年的课余时间学画画儿，作品还得过奖。要是坚持画下来，很可能会考上美术学院。

    女：为什么学了三年，又没坚持下来呢？

    男：要准备考大学呀！我爸爸妈妈非要我考计算机专业，一天总共就那么多时间，我得做那么多的功课，只好中断了画画儿。

    女：我觉得学计算机和学画画儿相比，学计算机更有趣儿，也更实用。

男：那要看你怎么比了。对了，你帮我想想，我要是重新开始画画儿，先画什么题材的好？
女：我可没时间帮你想，我还得准备后天的数学考试呢！

问：
(1) 男的正在看哪一类的书？
　　A．数学
　　B．计算机
　　C．雕塑艺术
　　D．中国画

(2) 男的觉得书中的现代人物雕塑怎么样？
　　A．逼真
　　B．雄伟
　　C．生动
　　D．A 和 C

(3) 男的什么时候开始学画画儿的？
　　A．上小学时
　　B．上中学时
　　C．上美术学院时
　　D．刚刚开始学

(4) 关于男的，下面哪一项不正确？
　　A．他对画画儿很感兴趣
　　B．他的画儿得过奖
　　C．他觉得学计算机比学画画儿更有趣儿，也更实用
　　D．读了计算机专业，他仍旧喜欢画画儿

(5) 女的为什么不愿意帮男的？
　　A．她不喜欢画画儿
　　B．她不热情
　　C．她想不出来
　　D．她要准备考试

泛听部分

乐山大佛

　　"乐山大佛"被称为"天下第一佛"，也叫"凌云佛"，建成至今已有1200多年，它位于四川乐山市凌云山，有三条江河流过这里。大佛是一尊唐朝的石刻弥勒佛坐像，由凌云山里的一块巨大的岩石雕凿而成，各部分的比例和结构都十分合理，工艺精美，是世界上最大的古代石刻佛像。大佛虽然经历了上千年的风风雨雨，却仍旧是佛教徒向往的地方和游客们喜爱的旅游点。

　　巨大的乐山大佛端正地坐在江边的岩石上，头与山顶一般高，脚踩在江边，双手放在膝盖上，两眼看着前方，形象自然。大佛总高为71米，头高14.7米，宽10米；耳长7米，眼长3.3米，嘴长3.3米，眉毛长3.7米，手指长8.3米，一个脚背上就可以横着停放5辆卡车。大佛是佛教与中国艺术的结合和发展。大佛的脸是男性的庄严与女性的慈爱的完美结合。

　　人们常常这样描写乐山大佛："山是一尊佛，佛是一座山"，意思是说凌云山是一尊佛像，凌云佛是一座山。这是对乐山大佛景色的真实描绘，也是对古代石刻艺术的赞美。在大佛右边的岩石上，还刻有许多佛教故事中神仙和佛的形象，生动地反映了唐朝繁荣时期的文化艺术。

　　据史书记载，大佛是713年由海通和尚主持修建的，海通逝世后，工程中断。784年继续修建，直到803年才完成，前后总共90年。

一、 判断句子正误：

1. 乐山大佛被称为"天下第一大佛"，它也叫"凌云佛"。（ ✓ ）

2. 乐山大佛是由整座凌云山雕刻而成的。（ × ）

3. 乐山大佛以前是佛教徒向往的地方，现在是游客们喜爱的旅游点。（ × ）

4. 在大佛的左边的岩石上还刻有许多佛教故事里的人物形象。（ × ）

5. 据史书记载，修建这座大佛总共用了90年。（ ✓ ）

二、 选择括号中正确的词语或短语填空：

　　巨大的乐山大佛＿＿＿＿＿＿＿＿（安静、端正）地坐在江边的岩石上，头与山顶一般高，脚踩在江边，双手放在＿＿＿＿＿＿＿＿（膝盖、大腿）上，两眼看着前方，＿＿＿＿＿＿＿＿（图像、形象）自然。大佛各部分的比例和结构都十分＿＿＿＿＿＿＿＿（合适、合理），工艺＿＿＿＿＿＿＿＿（精美、精妙），是世界上最大的古代石刻佛像。

三、 选择正确答案：

1. 凌云佛下有几条江河流过？

　　A．一条

　　B．两条

C. 三条

D. 四条

2. 大佛的耳长多少米？
   A. 3.3 米
   B. 7 米
   C. 10 米
   D. 3.7 米

3. 大佛的脸具有什么特点？
   A. 男性的庄严
   B. 女性的慈爱
   C. 非常严肃
   D. A 和 B

4. 人们怎样描写乐山大佛？
   A. 乐山大佛很快乐
   B. 山上有一座佛，佛后有座山
   C. 山就是山，佛就是佛
   D. 山是一尊佛，佛是一座山

5. 乐山大佛建于哪个朝代？
   A. 明朝
   B. 清代
   C. 汉代
   D. 唐朝

敦煌莫高窟

　　敦煌莫高窟位于甘肃省敦煌市东南25公里的地方。南北长约1600多米，上下一共五层，非常雄伟，是我国著名的四大石窟之一，也是世界上历史最悠久、保存规模最大、最好的佛教艺术遗产。

　　莫高窟是从公元4世纪开始雕凿的，至今仍保留有石窟492个，壁画45000多平方米，彩色雕塑2000个。莫高窟主要是古代建筑、雕塑、壁画三者相结合的独特的艺术遗产，其中以壁画最有名。敦煌壁画的题材广泛，涉及社会的很多方面，内容相当丰富，是当今世界上任何宗教建筑都不能相比的。洞窟四周都画着佛像、神仙等，有佛教故事画，还有各式各样精美的装饰图案等。莫高窟的雕塑也很有名。这里有高达33米的坐像，也有十几厘米的小佛像，绝大部分洞窟都保存有佛像，而且数量多，可以说是一座规模很大的古代雕塑馆。

　　近几十年来，国内外学者对敦煌艺术极感兴趣，不断进行研究，形成了一个专门学科"敦煌学"。不少外国的旅游者这样评价莫高窟："看了敦煌莫高窟，就等于看到了全世界的古代文明。"

一、回答问题：

1．莫高窟在中国的什么地方？ 甘肃省敦煌市的东南方
2．莫高窟是从什么时候开始建造的？ 公元4世纪
3．现在莫高窟保留的石窟有多少个？ 492个
4．莫高窟的洞窟四周都画着什么故事的画？ 佛教
5．敦煌艺术的研究形成了一个什么专门学科？ 敦煌学

二、听录音填空：

　　敦煌莫高窟上下一共五层，规模很大，非常雄伟，是中国著名的四大石窟之一，主要是古代建筑、雕塑、壁画三者相结合的独特的艺术遗产。参观过莫高窟的外国旅游者对莫高窟的评价很高。

三、选择正确答案：

1．莫高窟南北长多少米？
　　A．492米
　　B．1600多米
　　C．4000米
　　D．200米

2．莫高窟中最有名的是：
　　A．壁画
　　B．雕塑

        C．佛像

        D．古代建筑

3．莫高窟绝大部分洞窟都保存有：
        A．古代建筑
        B．装饰图案
        C．佛像雕塑
        D．佛教故事画

4．许多游客评价说到莫高窟能看到：
        A．全世界的古代文明
        B．中国的古代文明
        C．佛教的发展
        D．东方的古代文明

5．莫高窟是哪一个宗教的艺术遗产？
        A．基督教
        B．道教
        C．伊斯兰教
        D．佛教

讨论题：

1．你到过乐山或敦煌旅游吗？如果去过，请说一说你的感想；如果没去过，请说一说你是否打算去，为什么？

2．从这两段听力材料中，你听出乐山大佛与敦煌莫高窟有什么共同的特点了吗？这些共同特点是什么？

第四课

茶叶的故乡、广州人的"饮茶"

生 词

1. 产地　chǎndì（名）物品出产的地方
2. 采集　cǎijí（动）to collect, to gather
3. 种植　zhòngzhí（动）to plant, to grow
4. 传播　chuánbō（动）大范围地宣传，把知识、经验等告诉别人
5. 实践　shíjiàn（名、动）practice
6. 积累　jīlěi（动）逐渐集中
7. 发酵　fājiào（动）to ferment

8. 配　pèi（动）按一定的标准或比例加进某种东西
9. 娱乐　yúlè（名）使人快乐、开心的活动
10. 聚会　jùhuì（名）（人）聚集在一起搞的活动
11. 简易　jiǎnyì（形）简单、容易的
12. 架子　jiàzi（名）stand, shelf
13. 炉子　lúzi（名）stove
14. 粥　zhōu（名）gruel (made of rice, millet, ect.)
15. 炸　zhá（动）把食物放在很热的油里弄熟
16. 油条　yóutiáo（名）长条形油炸面食，常用做早点
17. 廉价　liánjià（形）价格便宜的
18. 泡　pào（动）to steep, to soak
19. 消除　xiāochú（动）使不存在；除去　to eliminate, to dispel
20. 美妙　měimiào（形）marvellous, wonderful
21. 准确　zhǔnquè（形）exact
22. 款式　kuǎnshì（名）式样
23. 技巧　jìqiǎo（名）skill
24. 不光　bùguāng　不仅；不单
25. 休闲　xiūxián（形）休息、娱乐

专有名词

1. 陆羽　　　　　Lù Yǔ　　人名
2. 《茶经》　　　Chájīng　　书名
3. 岭南　　　　　Lǐngnán　　指中国五岭以南的地区,就是今天广东、广西一带
4. 二厘馆　　　　Èrlíguǎn　　清朝时广州茶馆的总称
5. 亚洲　　　　　Yàzhōu　　Asia
6. 清朝　　　　　Qīngcháo　　the Qing Dynasty

语法点

1. 条件复句:除非……否则……　　　　除非你去请他,否则他不会来。
2. 副词:特意　　　　　　　　　　　　为了看这场足球赛,张明特意请了一天假。

精听部分

一、听句子，填空：

1. 每个周末我们几个朋友都聚在一起搞一些<u>娱乐</u>活动，唱歌、跳舞、看电影什么的。
2. 这列火车开出的<u>准确</u>时间是深夜 12 点 17 分。
3. 水果的<u>产地</u>不同，价格也不一样。
4. 这里的人早上喜欢喝点儿<u>粥</u>，再吃点儿点心。
5. 来我家的<u>不光</u>是他一个人，还有他的弟弟。
6. 他在中学已经当了 20 年老师，<u>积累</u>了丰富的教学经验。
7. 明天我们班的同学想在一起搞个<u>聚会</u>，你参加不参加？
8. 你知道吗？用 80 度的开水<u>泡</u>茶最合适。
9. 为了编写这本关于中药的书，他<u>采集</u>了许多中药进行研究。
10. 研究证明，睡中午觉能够<u>消除</u>疲劳。
11. 由于这种新技术具有很高的经济价值，所以很快就在全国<u>传播</u>开了。
12. 这一家人一年又一年地在沙地边上<u>种植</u>树木，后来那里竟成了一片树林。
13. 这里风景优美，居民不多，气候也好，很多人喜欢来这里<u>休闲</u>度假。
14. 你说这种方法好也没用，要<u>实践</u>证明这种方法确实好才行。
15. 这是小王<u>特意</u>为你做的菜，快尝尝。

二、听句子，根据要求选择正确答案：

1. 她的口语不光流利，而且准确。
   问：她的口语怎么样？
   A. 准确，但是不流利
   B. 不准确，而且也不流利
   C. 不准确，但是流利
   D. 既准确，又流利

2. 写文章、说话都要讲究技巧。
   问：这句话的意思是：
   A. 写文章、说话要有内容
   B. 写文章、说话需要积累
   C. 写文章、说话要注意方法
   D. 写文章、说话要有题材

3. 上班前，她把脏衣服扔到塑料桶里，没注意桶里有水。下班回家时，衣服已经在水里泡了一天了。
   问：她回家时衣服怎么了？
   A. 已经洗干净了

B. 都湿了

C. 她忘了把衣服放在哪里了

D. 弄脏了

4. 经过几天的休息，他已经消除了疲劳。

问：他现在怎么样了？

A. 他的病好了

B. 他还想休息

C. 他不感到累了

D. 他仍旧很累

5. 昨天晚上，为了给我过生日，我们班的同学特意组织了一个聚会。

问：这句话的意思不包括下面哪一项？

A. 昨天是我的生日

B. 昨天晚上，我过生日，没有参加同学组织的聚会

C. 我过生日，我们班同学专门组织了一个聚会

D. 昨晚，我们班同学聚会

6. 她穿的衣服款式很新，但好像不太适合她的年纪。

问：句子里说的"衣服款式"指的是：

A. 衣服的质量

B. 衣服的式样

C. 衣服的大小

D. 衣服的颜色

7. 他们长期种植苹果树，在实践中积累了丰富的经验。

问：他们是怎么获得经验的？

A. 在学校里听课听来的

B. 从书上学的

C. 种植过程中一点点学会的

D. 从朋友那里收集来的

8. 除非你到过九寨沟，否则根本不可能感受那里的神奇。

问：这句话的意思是：

A. 九寨沟的神奇是不可能感受到的

B. 你只有去了九寨沟，才能感受那里的神奇

C. 你不用到九寨沟也能感受那里的神奇

D. 你一定要去感受九寨沟的神奇

9. 小明大学毕业后来到广州工作，租了一间房子，里面的布置很简单，除了床、书桌和一个书架以外什么也没有。

问：小明的房子怎么样？
A. 只有一张床
B. 布置很简单
C. 没有书架和书桌
D. A 和 B

10. 李玲下岗后开了个小店，卖包子、粥和炸油条，生意挺不错的。
问：李玲的小店卖什么？
A. 油、油条和包子
B. 包子、稀饭和油条
C. 炸油条
D. 包子、稀饭和油

11. 这个菜原来是湖南菜，但是很多人都爱吃，所以它的制作方法传播得很快，现在很多人都会做这个菜了。
问：下面哪句话不正确？
A. 很多人都知道这个湖南菜的制作方法
B. 不只是湖南人会做这个菜
C. 只要是湖南菜，人们很快就学会怎么做
D. 很多人喜欢吃这个菜

12. 节假日的时候，不光年轻人，老年人也喜欢旅游、唱卡拉OK、品尝美食等娱乐、休闲活动。谁还整天学习，坐办公室？
问：下面哪一项跟原句的意思不符？
A. 年轻人和老年人都喜欢娱乐、休闲活动
B. 学习和坐办公室也是娱乐、休闲活动
C. 旅游、唱歌等都是使人开心、消除疲劳的活动
D. 谁都不会一天到晚地学习或工作

三、听对话，选择正确答案：

女：真没想到，几年没回来，广州变得这么漂亮，连道路两边种植的树和花都这么好看。有的地方变得我都认不出来了。
男：别说你了，我天天住在广州都能感觉到广州的变化。
女：刚才路上我看见街上购物的人很多，在饭店里吃饭的人也很多。看来广州人的消费水平不低啊。
男：可不，买东西，大包小包的，甚至用汽车装；去饭店吃顿饭根本不算什么，太平常了，谁在家里请客反倒很难得了。现在生活水平提高了，人们更讲究生活质量，下了班，或者周末，人们都喜欢锻炼身体，好好休息休息，或者打网球，唱卡拉OK，或者去风景区度假、旅游什么的，所以现在广州不光饭店、商店多，娱乐、休闲中心也很多。
女：你也常一家三口出去玩儿吧？
男：是啊，我们刚从桂林回来，你要是早来一天就碰不上我了。姐，来，先喝杯茶，坐飞机累

了吧？这是我特意为你泡的家乡绿茶，我知道你喜欢喝。

问：

1. 对话中的两个人在哪里谈话？
    A. 在女的家里
    B. 在男的家里
    C. 在饭店
    D. 在旅游车上

2. "别说你了，我天天住在广州都能感觉到广州的变化。"下面哪句话和这句话的意思不符？
    A. 我能感觉到广州的变化
    B. 你觉得广州变了
    C. 你是不会觉得广州变了的
    D. 我能感觉广州变了，你更应该感觉到广州变了

3. 下面哪一项不能说明广州人的消费水平高？
    A. 道路两旁的树和花很好看
    B. 经常去饭店吃饭
    C. 买东西大包小包的
    D. 喜欢旅游

4. 男的为什么给女的泡绿茶？
    A. 因为家里只有绿茶
    B. 因为绿茶便宜
    C. 因为女的习惯喝绿茶
    D. 因为女的很久没有喝绿茶了

5. 对话中的两个人的关系是：
    A. 同学
    B. 朋友
    C. 姐弟
    D. 母子

泛听部分

茶叶的故乡

中国是茶叶的原产地，是世界上最早发现并利用茶树的国家。在古代，人们最初采集野生茶叶是当作药来治病的，后来用作饮料，并且逐渐学会种茶树。秦汉时代，茶树的种植已从四川、云南慢慢地向各地传播，到了唐代，茶树的种植已经扩展到长江附近的十几个省。在长期的实践中，人们对种茶、制茶和饮茶积累了丰富的经验，出现了茶书。唐代陆羽的《茶经》是中国最早的一部茶叶著作。

茶叶的品种很多。大的品种有红茶、绿茶、乌龙茶、花茶。这些大的品种之中，又有许多小的品种。各种茶叶的制作方法不同。红茶要经过充分发酵，所以叫发酵茶。绿茶不经过发酵，所以叫不发酵茶。乌龙茶不需要充分发酵，又叫半发酵茶。花茶是用红茶、绿茶和乌龙茶作原料，配上各种花制成。

在中国，喝茶已经成为人们的一种习惯。人们常常用茶水招待客人。中国地区广大，各地喝茶的习惯也不同。一般说来，北方人爱喝花茶，南方人爱喝绿茶、乌龙茶。

早在1500多年前，中国茶叶就开始运往亚洲一些地区，300多年前，中国茶叶又运往欧洲一些国家。现在，全世界有40多个国家和地区种茶，以茶叶为出口商品的国家有20多个。

一、判断句子正误：

1. 中国是世界上最早发现并利用茶树的国家。（✓）
2. 最早的时候，人们采集野生茶叶用来治病。（✓）
3. 唐代的陆羽最早开始种茶树。（×）
4. 绿茶和花茶都是不发酵茶。（×）
5. 现在，全世界有40多个国家和地区种茶。（✓）

二、选择括号中正确的词语或短语填空：

中国是茶叶的原＿＿＿＿＿＿＿（产品、产地）。在古代，人们最初只是＿＿＿＿＿＿＿（采集、收集）野生茶叶，后来逐渐学会＿＿＿＿＿＿＿（培植、种植）茶树。在长期的＿＿＿＿＿＿＿（实践、时间）中，人们对种茶、制茶和饮茶＿＿＿＿＿＿＿（收集、积累）了丰富的经验，出现了茶书。

三、选择正确答案：

1. 《茶经》是中国哪个朝代的著作？

　　A. 秦代

　　B. 汉代

　　C. 唐代

　　D. 明代

2. 到了唐代，茶树种植已经到了哪些地区？
   A．四川
   B．云南
   C．长江附近十几个省
   D．黄河附近十几个省

3. 乌龙茶属于哪一类茶？
   A．不发酵茶
   B．发酵茶
   C．花茶
   D．半发酵茶

4. 一般来说，北方人爱喝什么茶？
   A．乌龙茶
   B．绿茶
   C．花茶
   D．红茶

5. 中国的茶叶什么时候开始运往欧洲？
   A．1500 年前
   B．300 年前
   C．40 年前
   D．20 年前

广州人的"饮茶"

广州人见面常说:"请你饮茶"。外地朋友来了,广州人总要特意安排一次"饮茶"。"饮茶"是广州人的一大爱好,也是岭南文化的组成部分。人们交朋友、谈生意、娱乐、聚会以及各种社会活动,都喜欢在"饮茶"中进行。

据说,广州人饮茶的习惯有几百多年的历史。老一辈的广州人把饮茶的地方称为"茶居"。清朝的"茶居"叫"二厘馆",分布在广州的大街小巷。"二厘馆"的搭建非常简易,在路边找一块空地,用竹木搭个架子,树皮做顶,摆几张木桌木凳,生个炉子,煮一锅白粥,炸点儿油条,同时还卖些廉价的点心。客人来了泡上一壶茶,茶壶里放一些很便宜的粗茶,苦而没有香味儿,但可以消除疲劳和帮助消化。客人一边吃点心,一边喝茶。因为这样饮茶很便宜,只需要二厘钱,因此人们把它命名为"二厘馆"。

广州人的"饮茶"与其说是喝茶,还倒不如说是品尝点心。要想知道"饮茶"的感觉,除非你亲自品尝,否则很难想像其中的美妙。广州"饮茶"的点心究竟有多少款?准确的数字恐怕谁也说不上,但一些有名的酒家,点心的款式都在几百款以上,有的甚至上千款。而且色、香、味、形、制作技巧等都非常讲究。形状各异的点心非常精美,十分逼真,就像一件艺术品,让人舍不得动筷子。总之,"饮茶"不光是一种饮食、休闲活动,还给人以艺术欣赏的享受。

一、回答问题:

1. 广州人饮茶的时候除了喝茶,还吃什么? 点心
2. 清朝时,人们饮茶的费用贵不贵?饮一次茶要花多少钱? 便宜、二厘钱
3. 老一辈的广州人把饮茶的地方叫什么? 二厘馆
4. 广州人饮茶时,是以喝茶为主还是以吃点心为主? 吃点心
5. 外地朋友来了,广州人会专门请朋友做什么? "饮茶"

二、听录音,填空:

广州人交朋友、谈生意、娱乐、聚会都喜欢在"饮茶"中进行。广州"饮茶"的点心究竟有多少款?准确的数字恐怕谁也说不上,但一些有名的酒家,点心的款式都在几百款以上,有的甚至上千款。而且色、香、味、形、制作技巧等都非常讲究。形状各异的点心非常精美,十分逼真,就像一件艺术品,让人舍不得动筷子。

三、选择正确答案:

1. 为什么说饮茶是岭南文化的组成部分?
    A. 因为饮茶的历史很久
    B. 因为饮茶是广东人的一大爱好
    C. 因为广东人喜欢在饮茶中进行各种社会活动
    D. B 和 C

2. 在清代的茶居二厘馆里喝茶，能喝到什么样的茶？
   A．很香的花茶
   B．美妙的乌龙茶
   C．各种各样的好茶
   D．没有香味儿的粗茶

3. 二厘馆里便宜的粗茶具有什么特点？
   A．苦而粗
   B．味苦、除疲劳、助消化
   C．便宜、味苦，但很香
   D．用茶壶泡制

4. 要想知道饮茶的感觉，一定要
   A．亲自品尝
   B．读这一篇短文
   C．到著名的酒楼
   D．会想像

5. 关于"饮茶"，下面哪一种说法不对？
   A．是一种饮食活动
   B．是一种休闲活动
   C．是广州人唯一的爱好
   D．是一种艺术享受

讨论题：
   1．你喜欢喝什么茶？为什么？
   2．你认为广州的饮茶在哪一点上最吸引人？

第五课

给迟到一个科学的理由、我不敢迟到

生 词

1. **生物钟** shēngwùzhōng（名）biological clock, living clock
2. **周期** zhōuqī（名）cycle
3. **同步** tóngbù（形）事物发展变化的速度相同
4. **差距** chājù（名）事物之间的差别程度
5. **竞争** jìngzhēng（动、名）to compete; competition
6. **处于** chǔyú（动）在某种地位或状态
7. **恰好** qiàhǎo（副）正好
8. **累计** lěijì（动）加起来计算；一共
9. **激素** jīsù（名）hormone
10. **体温** tǐwēn（名）身体的温度
11. **因素** yīnsù（名）factor, element
12. **调节** tiáojié（动）在数量或程度上进行某些改变，使适合要求
13. **付出** fùchū（动）交出（时间、金钱等）
14. **代价** dàijià（名）为达到某种目的所付出的金钱、时间等东西
15. **职员** zhíyuán（名）单位的工作人员
16. **体面** tǐmiàn（形）dignified, honourable
17. **报酬** bàochou（动、名）使用别人的劳动而付给别人的钱或东西
18. **白领** báilǐng（名）white collar
19. **洋洋得意** yángyángdéyì 形容很满足的样子
20. **高速** gāosù（形）速度很快
21. **运转** yùnzhuǎn（动）转动；比喻单位进行工作
22. **从容** cóngróng（形）不慌不忙
23. **乐趣** lèqù（名）快乐的感觉
24. **身份** shēnfen（名）指所处的地位

专有名词

达尔文进化论　Dá'ěrwén jìnhuàlùn （名）Darwinism

语法点

1. 副词：最终　　　　　　　他跟我说了半天，最终我才明白他想干什么。
2. 副词：毕竟　　　　　　　他虽然在中国住了很多年，汉语说得也很流利，可他毕竟是个外国人，还是有很多情况不了解。
3. 让步复句：就是……也……　你就是说错了，那也没有什么关系。

精听部分

一、听句子，填空：

1. 据统计，今年上半年市民的消费与收入实现<u>同步</u>增长。
2. 两个企业<u>竞争</u>，必然有胜有败。
3. 由于考虑到价格的<u>因素</u>，购买别墅的人并不多。
4. 由于天气问题，旅行团<u>最终</u>取消部分旅游项目。
5. 孩子<u>处于</u>长身体的阶段，一定要多喝牛奶。
6. 我刚到汽车站，<u>恰好</u>汽车就来了。
7. 张师傅<u>毕竟</u>是经验丰富的老工人，五分钟就把电视机修好了。
8. 虽然心里很紧张，但他回答得还是很<u>从容</u>，看不出紧张。
9. 只有乐观的人，才能随时享受生活中的<u>乐趣</u>。
10. 陈老师，今天我的<u>身份</u>可不是什么市长，而是您的学生。
11. 在中国，汽车工业正在<u>高速</u>发展。
12. 卫生、方便、营养合理的快餐越来越受到都市<u>白领</u>的欢迎。
13. 你请我吃一顿饭，我就得给你找个工作，这<u>代价</u>也太大了！
14. 这学期，李老师在我们这儿上英语课<u>累计</u>有 200 个小时。
15. 这个班的学生<u>差距</u>很大，有的汉语水平很高，有的却水平很低，老师上课比较麻烦。

二、听句子，根据要求选择正确答案：

1. 要准备的工作这么多，就是一二十人也不够。
   问：这句话的意思是：
   　　A．要准备的工作很多，最少要一二十人
   　　B．要准备的工作很多，需要一二十人才够
   　　C．要准备的工作很多，即使一二十人都不够
   　　D．要准备的工作很多，就现在的一二十人肯定不够

2. 买一套房，要考虑的因素很多，不只是价钱，还有交通、环境等都要考虑。
   问：买房要考虑的因素：
   　　A．价钱
   　　B．环境
   　　C．交通
   　　D．A、B 和 C

3. 据调查，他们公司男女职员的比例基本上是 1 比 1。
   问：这句话的意思是：他们公司中男女职员
   　　A．比例很合理
   　　B．大约有一半是男的，有一半是女的

C. 地位很平等

D. 收入比例基本上是1比1

4. 王明最大的愿望是考上北京大学。经过三年的努力学习和准备，最终实现了这个愿望。

问："最终实现了这个愿望"的意思是：

A. 王明最后终于考上了北京大学

B. 王明觉得考上北京大学不难

C. 王明认为考上北京大学很难

D. 王明在北京大学读了三年书

5. 他们以前看法不一样，常常吵架，可他们毕竟是父亲和儿子的关系，很快就原谅对方了。

问：下面哪一项与原句的意思不符？

A. 他们常常吵架，因为他们是父亲和儿子的关系

B. 他们常常吵架，是因为对一些事情看法不一样

C. 因为他们的关系是父亲和儿子，所以他们很快会原谅对方

D. 虽然常常吵架，但是他们的父子关系不会改变

6. 现在找工作，年龄太大不好找，没有工作经验也不行。如果年龄在30岁以下，有一定的工作经验，又是大学毕业，找工作就会处于比较有利的地位。

问：什么样的人找工作会处于不利地位：

A. 年龄在30岁以下

B. 年龄太大

C. 没有工作经验

D. B和C

7. 圣诞节和我母亲的生日恰好是同一天。

问：我母亲的生日是：

A. 1月1日

B. 5月1日

C. 8月15日

D. 12月25日

8. 按照规定，翻译所得报酬应该是这部电影全部资金的2%。

问：如果这部电影的全部资金是100万，那么翻译这部电影应该拿到的钱是：

A. 2万

B. 5万

C. 10万

D. 20万

9. 一个足球运动员踢一场足球，累计要跑几十公里。因此，平时训练跑步，一般得跑几十公里以上。

问：这句话的意思是：

    A. 足球运动员平时的运动量比比赛的时候小

    B. 足球运动员踢一场足球，算起来一共要跑几十公里

    C. 踢一场足球，大概要跑十几公里

    D. 比赛跟平时训练一样轻松

10. 我很佩服他干什么事都是那么从容。

    问：对句中"从容"的解释，下面的答案哪个是错的？

        A. 不紧张

        B. 不着急

        C. 不慌张

        D. 不后悔

11. 阿里和麦克原来都是汉语三班的学生。上个学期，阿里因为工作，有两个月没上课。现在两个人的汉语水平就有了差距。这学期，阿里继续在三班学习，麦克就升到汉语四班了。

    问：下面哪个句子的意思不正确？

        A. 阿里和麦克原来是同班同学

        B. 现在麦克的汉语水平比阿里高

        C. 现在阿里和麦克的汉语水平不一样

        D. 原来阿里和麦克的汉语水平不一样

12. 要是没有朋友，我活着还有什么乐趣？

    问：这句话的意思是：

        A. 如果没有朋友，我就不活了

        B. 朋友能让我感受到快乐

        C. 即使没有朋友，我也很快乐

        D. 因为有朋友，我才活着

三、听对话，回答问题：

男：咱们周末去打网球吧？

女：我正想跟你说呢，我报了一个管理课程班，以后周末我都得去上课。

男：你怎么又想起读书来了？

女：不读不行啊。工作起来才发现原来的知识不够用，再说，现在是知识经济的时代，人才的竞争最终就是技术和知识的竞争，现在补充知识，也是为了自己在今后的竞争中处于比较有利的地位嘛。

男：但是你别忘了身体健康才是最重要的，身体不好，你就是再有技术和知识，也没用。你看我们公司的职员哪个不注意锻炼身体？作为白领注意锻炼身体是很重要的。

女：知道了。嗨，那你找谁打网球啊？

男：你不陪我打，我就找个比你漂亮的小姐打。

女：找吧，反正什么事情都得付出代价的，现在工作不好找，我不想失去现在的工作，我也是没办法。

男：跟你开个玩笑，你就这么认真。我不打网球了，在家里给你做饭，其实，周末下下厨房，也是一种生活的乐趣。

问：

1. 女的为什么不去打网球？
   A．因为公司要加班
   B．因为要读书
   C．因为要锻炼身体
   D．因为要在家里做饭

2. "身体不好，你就是再有技术和知识，也没用。"这句话的意思是：
   A．身体好比有技术、有知识更重要
   B．有技术、有知识比身体好更重要
   C．身体好跟有技术、有知识一样重要
   D．以上答案都不对

3. "反正什么事情都得付出代价的。"说话人的语气是：
   A．很高兴
   B．无可奈何
   C．很伤心
   D．很奇怪

4. "跟你开个玩笑，你就这么认真。"男的说这句话的意思是：
   A．希望女的跟他开玩笑
   B．希望女的不要太认真
   C．希望女的认真
   D．希望女的不要跟他开玩笑

5. 对话中的两个人是什么关系？
   A．同事
   B．同学
   C．夫妻
   D．兄妹

给迟到一个科学的理由

　　日本科学家近日发表研究论文说，人类的生物钟是24小时18分钟，与一天24小时的时间周期并不同步，也就是说人类生物钟每天慢18分钟。而其它动物和植物的生物钟与24小时的差距更明显，动物的生物钟周期是23小时至26小时，植物的生物钟周期则是22小时到28小时。

　　研究者认为，这种现象可以用达尔文的进化论来解释。以鸟儿为例，如果它严格按照24小时来工作休息的话，那么当它每天早上醒来寻找食物时会发现，树上的虫子已经被先飞入树林的鸟儿吃得差不多了。

　　所以对于生物而言，其生物钟周期与24小时的差距越大，在生存上会面临更大的竞争压力，严重的还会最终走向灭亡。实验证明，那些在生存竞争中处于有利地位的生物，其生物钟周期接近24小时，但又不会恰好是24小时。

　　但是，对于人类来说，为什么生物钟与24小时不同步却不会累计起来，最终打乱我们的生物规律，让我们醒来的时间一天比一天晚呢？研究者说，光线会通过影响体内激素水平和体温等因素，来不断重新调节人类的生物钟。可是，这种调节毕竟是需要付出代价的。

　　这一发现似乎为我们上班迟到找到了一个科学的理由。

一、将数据填在表格中：

一天的时间	人类的生物钟	动物的生物钟	植物的生物钟
24小时	24小时18分钟	23小时至26小时	22小时到28小时

二、判断句子正误：

1．人类的生物钟与一天24小时的时间周期正好同步。（×）

2．动物和植物的生物钟周期不一样。（√）

3．在生存竞争中处于有利地位的生物，其生物钟周期恰好是24小时。（×）

4．如果我们每天都晚一点儿睡觉，那么我们醒来的时间就会一天比一天晚。（×）

5．上班迟到是有科学的理由的。（√）

三、选择正确答案：

1．人类生物钟与其它动物、植物的生物钟相比，

　　A．人类生物钟更接近一天24小时的时间周期

　　B．动物的生物钟更接近一天24小时的时间周期

　　C．植物的生物钟更接近一天24小时的时间周期

　　D．B和C

2. 实验证明哪些生物在生存竞争中会处于有利的地位?
   A. 生物钟周期接近24小时的生物
   B. 那些生物钟周期与24小时有明显差距的生物
   C. 生物钟周期不会恰好是24小时的生物
   D. A和C

3. 人类通过什么来不断调节自己的生物钟?
   A. 竞争
   B. 工作
   C. 光线
   D. 休息

4. "这种调节毕竟是需要付出代价的。"下面哪个句子的解释不对?
   A. 这种调节不付出代价是不行的
   B. 这种调节到底是要付出代价的
   C. 这种调节非付出代价不可
   D. 这种调节可能是需要付出代价的

我不敢迟到

　　我是一家跨国公司的职员,在一幢体面的办公楼上班,穿着名牌服装,每月报酬不低,这都使我具备了一个都市白领的条件,有时还为之洋洋得意呢!但是,工作太累!一天工作8个钟头,周末还得加班。让我来告诉你一个白领上班前的高速运转吧。

　　每天,我根本不需要闹钟,早晨7点,我就会准时从梦中醒来,穿衣服,刷牙,洗脸……然后饿着肚子坐交通车或打的去上班。

　　虽然我做梦都在想,哪天能从容地睡到11点,让我的早晨也从中午开始。可是,这种可能性根本不存在!谁让你是白领呢?据我看,喜爱自己那份工作的人不多,把工作当乐趣的人就更少了。既要有固定的收入,又要有体面的身份和社会地位,就非得上班不可,不上班什么也没有。

　　街上的人和车像河水一样向前流动,好像有一只看不见的巨大的手,在推着人们向前赶,就是想停也停不下来……

　　我下了车,碰到几个同事打了招呼,一起走到写字楼等电梯。我现在已经明白,楼越高,电梯就越拥挤。无论如何我得挤进这一班电梯,不然我就会迟到。其实迟到也没有什么,不过就是工资卡上的数字变少一点儿,老板的脸色难看点儿。

　　不过,说真的,为了那体面的身份,我哪敢迟到。

一、回答问题:

1. 都市白领工作累不累? 累
2. "我"每天几点起床? 早晨7点
3. "我"做梦都在想什么? 能从晚上睡到第二天早上的11点

4.“我”为什么不敢迟到？为了工作

二、听录音，填空：

我是一家公司的<u>职员</u>，每月的<u>报酬</u>不低。我知道既要有固定的收入，又要有<u>体面</u>的<u>身份</u>和社会地位，就非得努力不可，所以，我每天早上7点起床，一天工作8小时，周末还加班。看见别人<u>从容</u>地睡懒觉，逛街，我就只好从每月的工资数上寻找生活的<u>乐趣</u>。

三、选择正确答案：

1.“我”的身份是什么？
  A. 一家跨国公司的职员
  B. 一个感觉很累的人
  C. 一个收入不错的工作人员
  D. 一个穿着名牌服装上班的人

2.“我”每天怎么去上班？
  A. 骑自行车或打的
  B. 坐交通车或打的
  C. 走路
  D. 自己开车

3.“谁让你是白领呢？”下面的句子正确的是：
  A. 你是白领吗？
  B. 你是白领
  C. 你不是白领
  D. 谁说你是白领

4.“就是想停也停不下来……”，这句话的意思是：
  A. 即使想停也停不下来
  B. 不想停就停下来了
  C. 不要去想停不停下来
  D. 停不下来的话，想也没用

5.如果“我”迟到，会怎么样？
  A. 工资少一点儿
  B. 没有什么变化
  C. 老板的脸色难看点儿
  D. A和C

讨论题：
  1. 如果你迟到了，你会给自己一个什么样的解释？
  2. 你觉得工作是一种乐趣吗？学习呢？

第六课
你欠多少"睡眠债"、
中国人的睡眠数据

生 词

1. 睡眠　　shuìmián（名）sleep
2. 债　　　zhài（名）欠别人的钱
3. 体力　　tǐlì（名）physical (or bodily) strength
4. 思维　　sīwéi（名）thought, thinking
5. 精力　　jīnglì（名）精神和体力
6. 充沛　　chōngpèi（形）充足
7. 大脑　　dànǎo（名）cerebrum
8. 疲倦　　píjuàn（形）很累，很困的样子
9. 比方　　bǐfang（名、动）比如
10. 如同　　rútóng（动）好像
11. 测试　　cèshì（动、名）to test
12. 彻底　　chèdǐ（形）一直到底；完全
13. 肌肉　　jīròu（名）muscle
14. 放松　　fàngsōng（形、动）relaxed
15. 垂　　　chuí（动）东西的一头向下
16. 金属　　jīnshǔ（名）metal
17. 地板　　dìbǎn（名）房间地面上的木板；地面
18. 当啷　　dānglāng（象声词）金属类的东西碰撞的声音
19. 数据　　shùjù（名）data
20. 显示　　xiǎnshì（动）明显地表现
21. 生物学　shēngwùxué（名）biology
22. 幅度　　fúdù（名）比喻事物变化的大小
23. 衰退　　shuāituì（动）（身体、精神、意志、能力等）慢慢变弱
24. 学历　　xuélì（名）学习的经历
25. 硕士　　shuòshì（名）master degree
26. 博士　　bóshì（名）doctor
27. 学位　　xuéwèi（名）degree

专有名词

上海睡眠中心　Shànghǎi Shuìmián Zhōngxīn　*Shanghai Sleeping Center*

语法点

1. 副词：反复　　这篇文章要反复读才能理解。
2. 副词：偶尔　　小王很喜欢喝茶，不过偶尔也喝点儿咖啡。

精听部分

一、听句子，填空：

1. 一般来说，<u>睡眠</u>好的人身体好。

2. 现在年轻人流行欠<u>债</u>过日子，比如说向银行借钱买房子、买汽车。

3. 她每天的工作已经够多的了，很难有<u>精力</u>再学什么东西。

4. 彼德今天上课的样子很<u>疲倦</u>，我想他昨天晚上一定没有休息好。

5. 这位老人很像我父亲，看见他<u>如同</u>见到了我日夜思念的父亲。

6. 产品在出厂前都要进行严格<u>测试</u>，不合格的产品不能出厂。

7. 昨天打扫卫生打扫得很<u>彻底</u>，现在我的宿舍非常干净。

8. 周末我喜欢把工作放下，<u>放松</u>一下自己，要么打打球，要么散散步。

9. 小王<u>偶尔</u>会写点儿文章在杂志发表，昨天我就看到一篇，写得挺好的。

10. 他们几年的调查<u>数据</u>表明，这个城市的年平均温度比10年前有所上升。

11. 调查<u>显示</u>，越来越多的年轻人喜欢旅行结婚。

12. 家用电器的价格比起20年以前已经大<u>幅度</u>下降了。

13. 经过三年的努力学习，去年他研究生毕业，并获得了文学<u>硕士学位</u>。

14. 人年纪越大，<u>体力</u>就越差。

二、听句子，根据要求选择正确答案：

1. 这个广告每天反复广播，所以那些广告词他都会背了。
  问：从这句话我们可以知道：
    A. 他很聪明
    B. 这个广告每天广播很多次
    C. 这个广告的广告词很简单
    D. 他每天要背好多次广告词

2. 昨晚写文章的时候，我越写越兴奋，一直写到半夜一点多，不过现在我觉得很疲倦。
  问："疲倦"的意思是：
    A. 开心
    B. 辛苦
    C. 很累
    D. 轻松

3. 以前我上九楼没什么感觉，很轻松。现在不行了，爬两层就得停一停。
  问：从这句话我们可以知道，现在我的体力：
    A. 很好
    B. 跟从前一样好
    C. 不如从前
    D. 比从前好

4. 别人以为我很有钱，其实我买房子向银行借了15万，买车向银行借了7万。
   问：我欠银行多少债？
   A. 15万
   B. 7万
   C. 8万
   D. 22万

5. 你们两个人只有好好儿坐下来谈，才能彻底解决问题。
   问："彻底"的意思是：
   A. 部分
   B. 完全
   C. 逐步
   D. 有效

6. 现在用人单位对学历的要求越来越高，为了以后好找工作，我准备考博士。
   问：下面哪一项是不正确的？
   A. 现在博士不好找工作
   B. 现在高学历的人比较好找工作
   C. 博士找工作不会很难
   D. 我现在不是博士

7. 数据显示，睡眠好的孩子比睡眠差的孩子长得高。
   问：这句话的意思不包括下面哪一项？
   A. 睡眠的好坏跟身高有关系
   B. 睡眠好的孩子长得比较高
   C. 睡眠差的孩子长得比较矮
   D. 孩子每天应该睡10个小时

8. 他虽然50多岁了，但是精力充沛，如同20多岁的小青年，每天工作10多个小时也不觉得疲倦。
   问：这句话的意思是：
   A. 他的精神和体力好像20多岁的小青年
   B. 他长得像20多岁的小青年
   C. 同20多岁的小青年一起工作不觉得疲倦
   D. B和C

9. 旅游，我比较喜欢去有水的地方，比方说九寨沟、桂林，不过水的风景看多了，偶尔爬爬山，也挺有意思的。
   问：说话人的意思不包括下面哪一项？
   A. 九寨沟、桂林都是有水的风景点
   B. 我不经常爬山

C. 现在我觉得爬山更有意思
D. 有时我觉得爬山也很有意思

10. 天气预报说明天气温大幅度下降，预计下降幅度为10到12度。
问：这句话的意思是：
A. 明天比今天冷很多
B. 明天比今天热很多
C. 明天的气温跟今天差不多
D. 以上答案都不对

11. 测试结果显示，睡眠效果好工作效果就好，而且工作的时间可以相对延长，相反工作效率就低，而且容易疲劳。
问：下面哪句话不正确？
A. 睡眠好，工作效果就好
B. 睡眠好，工作时间就长
C. 睡眠的好坏会影响工作
D. 睡眠与工作没有关系

12. 工作越紧张越应该放松自己，有时间的时候，看看电影、聊聊天、打打球。
问：这句话的意思是：
A. 工作紧张就不应该放松自己
B. 工作紧张更应该注意休息
C. 要工作就不要看电影
D. A和C

三、听对话，选择正确答案：

男：红红，是不是身体有什么地方不舒服？
女：没有啊。最近在写博士毕业论文，你知道的，我习惯晚上写文章，一到晚上我的思维就特别活跃，有时候反复想一个问题，越想越兴奋，晚上就睡不着觉，所以，最近睡眠不够，觉得比较累。
男：难怪看起来样子那么疲倦，以后别太晚睡了。偶尔一两次晚点儿睡，你不会有什么感觉，要是长期睡眠不好，会搞坏身体的。
女：知道了。
男：听说博士最多可以读7年？
女：是啊。
男：你今年才读第三年吧？慢慢读，别把身体搞坏了。
女：没那么严重，谁写文章不开夜车呀？
男：你反正一天到晚就知道看书、写文章，到现在连个男朋友都没有，不知道做父母的为你担心吗？
女：爸，你又来了，我不是跟你说了，这种事情急不来的。

问：

1. 女的为什么最近觉得比较累？
   A．因为在反复想一个问题
   B．因为睡觉睡得比较少
   C．因为工作很忙
   D．因为身体不太舒服

2. 男的认为长期睡眠不够，会怎么样？
   A．思维会特别活跃
   B．自己不会有什么感觉
   C．会搞坏身体
   D．精神会不集中

3. 从对话中，我们可以知道：
   A．女的已经获得博士学位
   B．女的正在读博士
   C．女的正准备考博士
   D．以上答案都不对

4. "谁写文章不开夜车呀？"这句话的意思是：
   A．我想知道谁写文章不开夜车
   B．任何人写文章都要开夜车
   C．没想到写文章还要开夜车
   D．写文章要开夜车吗？

5. 对话中的两个人的关系是：
   A．老师和学生
   B．兄妹
   C．父女
   D．男朋友和女朋友

6. 女的说"又来了"的意思是：
   A．男的又来看女的了
   B．女的又来看男的了
   C．男的又重复以前说过的话
   D．女的又重复以前说过的话

你欠多少"睡眠债"

　　睡眠不充足会影响人的体力和思维能力，还会影响人的情绪，而充足的睡眠会让人感到精力充沛，生活快乐。由于社会压力，我们的睡眠时间在本世纪减少了20%。

　　有学者研究发现，大脑对于人们欠它多少睡眠有着非常准确的统计，他们给这一统计数字起了个名字，叫做"睡眠债"。研究认为，如果你一夜少睡1个小时，那么第二天你就会欠1小时的睡眠债——结果是你在整个一天都会变得比前一天更容易疲倦。如果睡眠债不断积累，比方说你在8天中每夜少睡1小时，那么到了第九天，你的大脑疲倦程度就如同一夜没睡。

　　如果你想知道自己过去一天的睡眠时间是否充足，最简单的方法就是在白天进行以下的测试：

　　躺在床上，彻底地让自己全身肌肉放松，将手垂在床外，手里握一把金属做的勺子，在地板上放一只盘子，然后让自己睡着。当你完全进入睡眠状态时，勺子就会"当啷"一声落在盘上。此时你会被吵醒，请你记录好躺下到醒来这一过程所用的时间，并在同一天里反复测试五次以上，最后算出所需时间的平均数。

　　如果平均不到5分钟你就睡着了，那说明你严重缺乏睡眠；如果需要5到10分钟，那你已经欠了一大笔"睡眠债"；如果是10到15分钟，说明你"欠债不多"，只是偶尔缺乏睡眠；如果花了15到20分钟才睡着，说明你大脑处于极好的工作状态，不欠"睡眠债"。

　　　　　　　　　　　　　　　　　　　　　（根据《读者》同名文章改写）

063

一、判断句子正误：

　　1．由于生活水平的提高，我们的睡眠时间在本世纪增加了20%。（×）

　　2．晚上少睡一个小时，第二天就很容易疲倦。（√）

　　3．如果你想知道自己过去一天的睡眠时间是不是充足，有办法可以进行测试。（√）

　　4．如果一个人晚上睡觉时，一躺下就睡着了，说明他严重缺乏睡眠。（×）

　　5．一个人白天睡觉，需要半个小时才能睡着，说明他只是偶尔缺乏睡眠。（×）

二、听录音，用汉字或汉语拼音填空：

　　躺在床上，彻底地让自己全身肌肉放松，将手垂在床外，手里握一把金属做的勺子，在地板上放一只盘子，然后让自己睡着。当你完全进入睡眠状态时，勺子就会"当啷"一声落在盘上。此时你会被吵醒，请你记录好躺下到醒来这一过程所用的时间，并在同一天里反复测试五次以上，最后算出所需时间的平均数。

三、根据要求选择正确答案：

　　1．睡眠不够会对人产生哪些影响？

　　　A．体力和思维能力

　　B．胃口

　　C．情绪

　　D．A和C

2．"睡眠债"的意思是：

　　A．缺少睡眠

　　B．一组数据

　　C．对缺少睡眠时间的数字统计

　　D．欠别人的睡眠时间

3．如果在8天中，你每晚少睡一个小时，第九天，你的大脑不会有以下哪种感觉?

　　A．很疲倦

　　B．精力充沛

　　C．好像一夜没睡

　　D．很想睡觉

4．测试睡眠时间是否充足的数据是怎样得出来的?

　　A．进行多次测试，至少进行五次以上的测试

　　B．在一天内进行测试

　　C．算出多次测试结果的平均数

　　D．A、B和C

5．从测试结果的数据中，我们可以知道：

　　A．在5分钟内就能睡着的人最缺乏睡眠

　　B．在10分钟内就能睡着的人最缺乏睡眠

　　C．在15分钟内就能睡着的人最缺乏睡眠

　　D．在20分钟内就能睡着的人最缺乏睡眠

中国人的睡眠数据

上海睡眠中心曾从性别、年龄、受教育程度和职业等几个方面，对国内部分城市的居民进行睡眠时间的调查。

调查资料显示，女性居民平均每天的睡眠时间为8小时40分钟，男性为8小时35分钟，平均女性比男性多5分钟，这与世界上绝大多数国家的调查结果是一致的。据生物学家研究，睡眠时间的长短与人的寿命有很大关系，女性的睡眠时间较男性的长，因此女性的寿命也比男性长。

从年龄方面看，20～24岁年龄段的人平均睡眠时间为8小时48分钟，然后随着年龄的增大而逐渐减少，到了50～54岁减至最低，为8小时20分钟。但是到了65岁，人的精力大幅度衰退，睡眠时间又回升了。

从教育程度上看，学历越高，睡眠时间越短。小学教育程度以下的居民平均睡眠时间为8小时54分钟，硕士或博士学位的人平均为8小时18分钟。受过高等教育的人，其工作时间明显增多。这说明在当今社会只有接受高等教育才会有更多的工作机会。

不同的职业对人们的工作量和工作时间的要求有所不同，这就造成人们在睡眠时间上的不同。在分类调查中发现，无业下岗人员、体力劳动者、学生的睡眠时间较长，而研究人员、管理人员和企事业单位领导则睡眠时间较短。可见对职业所应负的责任越大，其睡眠时间就越短。

（根据《读者》同名文章改写）

一、将数据填在表格中：

项　　　　目	平均睡眠时间
女性	8小时40分钟
男性	8小时35分钟
20～24岁	8小时48分钟
50～54岁	8小时20分钟
小学教育程度以下	8小时54分钟
硕士或博士	8小时18分钟

二、根据内容判断下列句子的正误：

1. 世界各国的女性睡眠时间都要比男性长。（×）
2. 睡眠时间的长短和人的寿命没有关系。（×）
3. 人随着年龄的增大睡眠时间逐渐减少，所以老人睡眠时间最少。（×）
4. 学历越高才会有更多的工作机会。（✓）
5. 研究人员、管理人员和企事业单位领导的睡眠时间较长，是因为他们的上班时间比较自由。（×）

三、根据要求选择正确答案：

1. 上海睡眠中心对部分城市的居民进行睡眠时间的调查，没有提到下面哪一项？

A．受教育程度

B．职业

C．地理位置

D．性别

2．为什么女性的寿命比男性长？

A．女性受教育程度比男性低

B．女性的睡眠时间比男性的长

C．女性的工作比较轻松

D．B和C

3．下面哪一项不属于"受过高等教育的人"？

A．高中生

B．大学生

C．硕士生

D．博士生

4．为什么说职业不同会造成人们的睡眠时间不一样？

A．职业不同，工作时间的要求不同

B．职业不同，工作方式的要求不同

C．职业不同，工作量的要求不同

D．A和C

5．分类调查中，哪些人的睡眠时间较长？

A．管理人员

B．学生和研究人员

C．无业下岗人员、体力劳动者

D．企事业单位的领导

讨论题：

1．有人说睡觉就是浪费时间，你同意这个观点吗？

2．提高睡眠质量，你有什么好的建议？

第七课

拐弯处的发现、小青蛙的启示

生 词

1. 拐弯　guǎiwān（名、动）行走的时候改变方向
2. 行驶　xíngshǐ（动）（车、船）行走
3. 寂静　jìjìng（形）没有声音，很安静
4. 沙漠　shāmò（名）desert
5. 无聊　wúliáo（形）没有事情做，觉得心情不好
6. 心事　xīnshì（名）心里想着的比较难办的事情
7. 简陋　jiǎnlòu（形）设施简单，不齐全
8. 缓缓　huǎnhuǎn（副）慢慢地
9. 车厢　chēxiāng（名）火车、汽车等用来装人或装东西的部分
10. 旅途　lǚtú（名）旅行的路上
11. 议论　yìlùn（动、名）对人或事物的好和坏、对和不对等表示意见
12. 起劲　qǐjìn（形）（工作、游戏等）情绪高
13. 目光　mùguāng（名）sight, vision
14. 设想　shèxiǎng（动、名）to suppose; supposition
15. 推销　tuīxiāo（动）to promote sales（of goods）
16. 看中　kànzhòng　经过观察，感觉满意、合适
17. 支付　zhīfù（动）给（钱）
18. 青蛙　qīngwā（名）frog
19. 启示　qǐshì（动、名）通过某件事情得出的教训或经验
20. 溜　liū（动）偷偷地走
21. 罐于　guànzi（名）pot, jar
22. 缓慢　huǎnmàn（形）不迅速，慢
23. 倒霉　dǎoméi（形）碰到不顺利的事情
24. 搅动　jiǎodòng　to stir
25. 脱离　tuōlí（动）离开（某种环境或情况）
26. 面对　miànduì（动）to face, to confront
27. 摆脱　bǎituō（动）脱离（某种不好的情况）
28. 艰难　jiānnán（形）非常困难
29. 现状　xiànzhuàng（名）present（or current）situation

语法点

1. 副词：轻易   我想他不会轻易答应你的请求的。

2. 程度补语：形容词＋得＋慌   一个上午呆在家里没事干，觉得闷得慌。

一、听句子，填空：

1. 前面拐弯的地方有一个书店。

2. 整个上午没事干，我觉得特别无聊。

3. 妹妹今天很不高兴，好像有什么心事似的，可能考试没考好吧。

4. 火车缓缓地开进了车站，站台上有很多旅客等着上车。

5. 火车的餐厅都设在列车的中部，一般是10号车厢。

6. 你对他有意见应该当面对他说，在背后议论别人的习惯不好。

7. 这只是我的一个设想，不一定符合实际。

8. 想办法把我们的产品推销到农村去。

9. 好不容易看中了一套衣服款式，却没有我喜欢的颜色。

10. 为了让孩子读大学，他每年得支付1万元的费用。

11. 这件事给我的启示就是做事一定要认真、负责。

12. 这位老人的行动十分缓慢。

13. 真倒霉，今天听写第八课，我复习了第七课，这次听写的成绩肯定不好。

14. 要面对那么多人讲话，我真有点儿紧张。

15. 如果那么轻易就放弃了，以后你会后悔的。

二、听句子，根据要求选择答案：

1. 汽车在拐弯的时候要特别小心，应该放慢行驶的速度，否则容易出交通事故。

　　问：下面哪句话不正确?

　　　　A. 汽车拐弯要慢行

　　　　B. 拐弯的时候，车开得快，容易出交通事故

　　　　C. 拐弯的时候，车开得慢，容易出交通事故

　　　　D. 拐弯的时候，要特别注意开慢点儿

2. 当列车缓缓地驶进车站时，车厢里的人们都兴奋地望着窗外寻找接车的亲人或朋友，旅途的劳累好像都不存在了。

　　问：这句话的意思不包括下面哪一项?

　　　　A. 坐火车一点儿都不累

　　　　B. 旅客很兴奋

　　　　C. 列车还没有停下来

　　　　D. 车厢里的人想知道接车的人在哪里

3. 我还是不能摆脱上次考试失败的影响，一想到要考试了，心里就特别紧张，担心这次要是再考不上怎么办。

　　问：这句话的意思是：

        A．第一次考试，心里特别紧张
        B．因为没复习好，所以心里特别紧张
        C．上次考试失败直接影响这次考试的情绪
        D．上次没考上，这次一定能考上

4．这件事给我们的启示就是：自己不能做到的事情，不要轻易答应别人。
    问：这句话的意思不包括下面哪一项？
        A．这件事情已经发生了
        B．我们可以从这件事情得到某些经验或教训
        C．自己不能做到的事情，不要随便答应别人
        D．自己不能做到的事情，也要答应别人

5．这几天我总在想，下个学期是继续在广州学习汉语，还是到北京去。
    问："我"的心事是：
        A．考虑在哪里继续学习汉语
        B．希望去北京学习汉语
        C．希望在广州学习汉语
        D．在广州学习汉语和在北京一样

6．突然一只青蛙溜进了教室，正在做作业的孩子们把目光都集中到跳动的青蛙身上。
    问：这句话不包括下面哪一项？
        A．孩子们正在教室里做作业
        B．一只青蛙突然出现在教室里
        C．一个孩子突然从书包里拿出一只青蛙
        D．青蛙的跳动吸引了孩子们的眼光

7．我看中了这件衣服，款式和价钱都很合适。
    问：这句话的意思是？
        A．我买了这件衣服
        B．我喜欢这件衣服
        C．我不喜欢这件衣服
        D．这件衣服不好看

8．这几天大家都在议论假期去不去旅游的事儿。
    问：这句话的意思是？
        A．这几天大家就要去旅行了
        B．大家在谈论假期旅游的事儿
        C．大家决定假期去旅游
        D．A 和 C

9．放假时学校安静得很。现在开学了，校园里又充满了学生的读书声和欢笑声。

问：这句话的意思是：
    A．放假时学校很热闹
    B．放假时学校很寂静
    C．现在学生还没回学校
    D．学校正在放假

10．我带了伞吧，天不下雨，今天刚好忘了带伞，结果下大雨。
    问：说话人觉得自己：
        A．记性不好
        B．很幸运
        C．很快乐
        D．很倒霉

11．无聊的人才会在背后议论别人。
    问：这句话的意思是：
        A．喜欢聊天儿的人会在背后谈论别人
        B．没事干的人才会在背后谈论别人
        C．因为不知道，所以在背后向别人打听
        D．有事情应该小声说

12．按照合同的规定，你们公司应该先支付10万元给我们公司，作为这批服装的设计费用。
    问：从这句话我们可以知道：
        A．你们公司要给我们10万元
        B．10万元是我们要支付的设计费
        C．预付设计费是我们公司的规定
        D．A、B和C

三、听对话，选择正确答案：
    女：这个餐厅的环境不错吧？
    男：嗯，还可以。你怎么想起来请我吃饭？
    女：祝贺你找到一份满意的工作。现在还不算晚吧？
    男：可能祝愿我重新再找一份工作更合适。
    女：为什么？
    男：我觉得自己特别笨，根本不会推销产品。
    女：谁一生下来就会干活儿？不都是慢慢学会的嘛。
    男：可是别人不会像我这么倒霉。我跑了十几家企业，居然没有一个企业愿意接受我推销的
        产品。我心里急得慌，可是又没有办法。
    女：你忘了你当初是怎么说的了？你说你看中这份工作就是因为觉得这份工作有挑战性。
    男：可是你设想一下，你周围的人工作都有成绩，就是你辛辛苦苦干了半天，什么成绩也没
        有，这种日子好过吗？这两天我总在想我当过秘书、记者、教师，还都干得好好儿的，为
        什么做推销就不行呢？

女：其实，无论干什么，开始的时候总是会艰难一些。推销挺讲究机会的，把目光放远点儿，
　　没准儿年底你就是公司的销售冠军。

问：

1. 女的为什么请男的吃饭？
　　A．女的自己开了一个餐厅
　　B．很久没有见面了
　　C．祝贺男的找到满意的工作
　　D．祝愿男的重新找一份更合适的工作

2. "可是别人不会像我这么倒霉"，"倒霉"的意思是：
　　A．急得慌
　　B．做事不顺利
　　C．特别笨
　　D．艰难

3. 男的选择现在这份工作是因为：
　　A．觉得更适合自己
　　B．能挣更多的钱
　　C．工作有挑战性
　　D．不辛苦，日子好过

4. 下面哪一项工作男的原来没做过？
　　A．销售
　　B．教师
　　C．秘书
　　D．记者

5. "没准儿年底你就是公司的销售冠军。"这句话的意思是：
　　A．没有准备就当了销售冠军
　　B．可能年底你是销售冠军
　　C．一定是销售冠军
　　D．没有当销售冠军的准备

拐弯处的发现

有位年轻人乘火车到外地出差。火车行驶在一片寂静的沙漠中，车上的旅客没什么事可做，一个个都无聊地望着窗外，各想各的心事。

前面要拐弯，火车放慢了行驶的速度，一座十分简陋的平房缓缓地出现在年轻人的眼前，车厢里几乎所有的人都睁大眼睛"欣赏"起寂寞旅途中的这道特别的风景。有的人还开始悄悄议论起这房子来，后来大家的话题都集中在这所房子上，而且越谈越起劲。年轻人的心动了一下，觉得也许可以利用这所房子做点儿什么。

年轻人办完事之后，专门在平房附近的车站下了车，找到了那座房子的主人，向他了解关于房子的一些情况。主人告诉他，火车每天都要从门前经过，噪音实在让人受不了，很想卖掉房子，即使价钱低一点儿也没问题，可就是没人买。

不久，年轻人用3万元买下了那座平房，他觉得这座房子正好在拐弯处，火车经过这里时都会放慢速度，一路的沙漠，突然出现一座房子，肯定会吸引旅客的目光，这房子用来做广告再好不过了。

很快，年轻人把自己的设想写成计划书，并开始对一些大公司进行推销，使他们相信房子是一道极好的"广告墙"。后来，可口可乐公司看中了这"广告墙"，租用了这所房子，为期三年，并支付了18万元的租金。

这是一个绝对真实的故事。在这个世界上，发现就是成功之门。

（根据《读者》同名文章改写）

一、回答问题：

1. 火车在什么地方放慢了行驶的速度？　拐弯处

2. 旅途中特别的风景是什么？　一座十分简陋的平房

3. "广告墙"是什么？　拐弯处的房子

4. 谁支付了18万元的租金？　可口可乐公司

5. 年轻人成功的秘密是什么？　发现

二、判断句子正误：

1. 年轻人乘火车到外地旅游。（×）

2. 关于房子的一些情况，年轻人专门进行了了解。（✓）

3. 年轻人用3万元买下了那座平房。（✓）

4. 年轻人把房子租给了一个广告公司。（×）

三、选择正确答案：

1. 车上旅客的状态不包括下面哪一项？

　　A．无聊地望着窗外

B．想心事

C．看报纸、杂志

D．议论房子

2．从火车上可以看到哪些风景？
   A．沙漠
   B．山和水
   C．平房
   D．A和C

3．年轻人为什么要买那座平房？
   A．平房很漂亮
   B．想用平房做广告
   C．平房很便宜
   D．平房离沙漠很近

4．平房的主人没有提到下面哪一项？
   A．没有人愿意买平房
   B．火车每天都要从平房门前经过
   C．想卖掉平房
   D．平房靠近火车站

小青蛙的启示

　　我曾读过这样一个故事：从前，有两只小青蛙，一大一小，有一天它们溜进农民的房子里玩儿，不小心掉进了一个装满黄油的罐子里。罐子里到处是油，滑极了，两只青蛙怎么爬也爬不出罐子，只好在罐子里游来游去。

　　大青蛙边游边想，我费了这么大力气还爬不出去，还游什么呢？结果它的动作越来越缓慢，最后连动一动腿的力气都没有了。而小青蛙的情况却相反，它想今天真倒霉，但爬不出去我会没命的。虽然心里急得慌，但却知道不能放弃，只要还有一口气就得坚持游下去。就在它几乎游不动的时候，突然后腿碰到了硬硬的东西。原来，黄油在它的不停搅动下变硬了，小青蛙踩在硬硬的黄油上跳出了罐子，它脱离了危险！大青蛙看见小青蛙跳出了罐子，很受鼓舞，也试着努力，居然也跳出了油罐。

　　我喜欢小青蛙，因为面对困难时，它不轻易放弃，最终摆脱了危险，还给别人带去希望。所以，当我遇到困难时，我常常会想起这个故事中的小青蛙，不会因为艰难就轻易放弃，而是为改变现状不停地努力。

（根据《读者》同名文章改写）

一、回答问题：

1. 青蛙们到哪里玩儿？　农民的房子里
2. 两只小青蛙不小心掉进了哪里？　罐子里
3. 什么东西在青蛙的搅动下变硬了？　黄油
4. 哪只青蛙先脱离危险？　小青蛙
5. 我喜欢哪只青蛙？　小青蛙

二、判断句子正误：

1. 在罐子里，大青蛙和小青蛙都拼命地坚持游动。（×）
2. 大青蛙让小青蛙踩在自己的身上，先跳出油罐。（×）
3. 大青蛙受小青蛙的鼓舞，最终也脱离了危险。（✓）
4. 当我遇到困难时，我就会想起《小青蛙的启示》这个故事。（✓）

三、选择正确答案：

1. 罐子里的情况怎么样？
   A．到处是水，可以游来游去
   B．到处是油，滑极了
   C．罐子很深，怎么爬也爬不出去
   D．罐子里有很多好吃的

2. 在罐子里，大青蛙有什么想法？
   A．觉得很好玩儿
   B．爬不出去，不游了
   C．小青蛙一定会帮助自己脱离危险的
   D．以上答案都不对

3. 小青蛙没有下面哪一种想法？
   A．还有一口气就得游下去
   B．爬不出去会没命的
   C．真倒霉
   D．今天真不应该出来玩儿

4. 大青蛙最后是怎么脱离危险的？
   A．农民把它从罐子里拿出来
   B．小青蛙和它一起跳出来
   C．小青蛙把它拉出来
   D．自己跳出来

5. 这个故事的启示是：
   A．任何时候都不要轻易放弃
   B．应该远离危险的环境

C. 只要耐心等待，就一定会有希望

D. 困难的时候，朋友的鼓励很重要

讨论题：

1. "发现就是成功之门"，你是如何理解这句话的？

2. 在生活中，我们应该如何面对困难？

第八课

单元测试（一）

第一部分

1. 地震造成的严重灾难，一时很难消除。
   问：这句话的意思是：
   A：地震很快就会过去
   B：地震的时间不长
   C：灾难暂时还会存在
   D：灾难很快就会过去

2. 恋爱、娱乐、时尚、因特网，这些才是学生感兴趣的话题。
   问：学生喜欢谈论哪些方面的事情？
   　　　A：恋爱和时尚
   　　　B：时尚和设计
   　　　C：娱乐和因特网
   　　　D：A和C

3. 我在和他的交谈中，发现他对宗教问题很有研究。
   问：说话人的意思不包括下面哪一项：
   　　　A：我和他谈过话，讨论过一些问题
   　　　B：关于宗教，他知道很多
   　　　C：他喜欢别人问他宗教的问题
   　　　D：我和他讨论过宗教问题

4. 你们慢慢吃，我还有事，先告辞了。
   问：说话人的意思是：
   　　　A：我要先说
   　　　B：我要先走
   　　　C：我吃饱了
   　　　D：我迟到了

5. 到一个陌生的地方，肯定有一个适应的过程。
   问：下面哪一句话的意思和原句不符？

A：刚到一个不熟悉的地方会不习惯
B：从不习惯到习惯需要一段时间
C：到一个陌生的地方马上就能适应
D：刚到一个陌生的地方不适应，很正常

6. 岗位不同，报酬当然不一样。
   问：这句话的意思是：
   A：不同的工作，上班时间不一样
   B：工作不同，要求不一样
   C：工作不同，收入不一样
   D：不同的工作，休息时间不一样

7. 这个岗位的竞争很激烈，这一点你应该有清醒的认识，做好充分的准备。
   问：这句话的意思是：
   A：你不用紧张，有很多工作机会
   B：这个工作肯定是你的
   C：这个工作没什么人想干
   D：你应该明白，这个工作有很多人想干

8. 没想到我们分开30年，他至今还记得我喜欢喝粥。
   问：说话人的意思是：
   A：我已经30年没喝过粥了
   B：到现在他还记得我喜欢喝什么
   C：我们不想分开
   D：我们还记得30年前的事情

9. 这部小说生动地描绘了一群都市白领的生活。
   问：从这句话我们可以知道：
   A：小说写的是农村生活
   B：小说中描写白领的生活像真的一样
   C：小说描写的是城市生活
   D：B和C

10. 你是学建筑专业的，你来评价评价这座饭店设计得怎么样。
    问：下面哪一项的意思和原句不符？
    A. 这座饭店设计非常好
    B. 你会建筑设计
    C. 请你对饭店设计提提意见
    D. 你有能力评价饭店的设计

11. 语言问题的研究涉及的学科很广，比方说会涉及心理学、统计学等学科的知识。
    问：下面哪一项的意思和原句不符？
        A. 研究语言问题会用到心理学的知识
        B. 研究语言问题会用到统计学的知识
        C. 研究语言问题会和很多学科的知识有联系
        D. 研究语言问题只和心理学和统计学有联系

12. 经过反复考虑，他最终还是决定离婚。
    问：这句话的意思是：
        A. 离婚是他一时的决定
        B. 他最后决定离婚
        C. 离不离婚，他想了很久
        D. B 和 C

13. 除非你跟我一起去，否则我不去。
    问：这句话的意思是：
        A. 你去，我就去
        B. 你去，我就不去
        C. 我不去，你也不能去
        D. 我不去，你自己去

14. 要么去桂林，要么去上海，你说吧，你想去哪儿？
    问：下面哪一项的意思和原句不符？
        A. 可以选择去桂林
        B. 可以选择去上海
        C. 桂林和上海只能选择其中的一个
        D. 除了桂林和上海，还可以选择别的地方

15. 这个工作我没兴趣，你给我的报酬再高，我也不会干的。
    问：这句话的意思是：
        A. 我对这个工作不感兴趣
        B. 我肯定不会干这个工作
        C. 你给我的钱太多了
        D. A 和 B

第二部分

16. 男：你今天怎么没去参加硕士生的入学考试？
    女：考了两次都没考上，哪敢再考啊。
    问：从对话中可以知道：
       A．女的很自信
       B．女的很灰心
       C．女的很高兴
       D．女的很从容

17. 甲：这个任务月底完成，有困难吗？
    乙：总共才五个人，人力显然不足。
    问：下面哪一项和对话的意思不符？
       A．五个人完成没有困难
       B．任务需要月底完成
       C．五个人太少了
       D．五个人不能按时完成任务

18. 甲：不知道小王到英国生活得怎么样。
    乙：我也很想知道，不过至今没收到他的来信。
    问：第二个人的意思是：
       A．他很想了解小王的情况
       B．他和小王是很好的朋友
       C．直到现在他都没有收到小王的信
       D．A 和 C

19. 甲：你丈夫帮你干家务吗？
    乙：他呀，一回家要么看电视，要么看报纸。
    问：下面哪一项与对话的意思不符？
       A．丈夫很喜欢学习
       B．丈夫不干家务
       C．丈夫回家不是看电视，就是看报纸
       D．丈夫一点儿活儿都不干

20. 甲：今年是我们大学毕业 10 周年，听说九月份要搞一个同学聚会，你参加不参加？
    乙：九月份？我恰好要去北京学习一个月。
    问：第二个人的意思是：
       A：可以参加聚会
       B：可以不去北京学习
       C：同学聚会的时候他刚好得去北京学习
       D：既可以参加聚会，又可以去北京学习

21. 男：我觉得小刘挺好的，人长得端正，又有一份不错的工作，每个月的收入也不低。

  女：好什么呀，连个大学生都不是。

  问：女的意思是：

    A．小刘的工资太低

    B．小刘的形象不好

    C．小刘的学历太低

    D．小刘的单位不好

22. 甲：我坐了这么久，怎么没见到你儿子？这么晚还没回家？

  乙：他呀，除了吃饭、睡觉在家，其余的时间都在图书馆看书。现在考大学竞争特别激烈，学习一点儿都不敢放松，连周末都不休息。

  问：下面哪一项与对话的意思不符？

    A．儿子学习很紧张

    B．儿子不喜欢在家里学习

    C．考大学不是一件容易的事情

    D．儿子准备考大学

23. 甲：采访刘市长的任务就交给你了。

  乙：这个任务能不能给别人做啊？让我面对这么一个有身份的人，我会紧张得说不出话来的。

  问：下面哪一项与对话的意思不符？

    A．市长的社会地位很高

    B．和市长谈话，我会很紧张

    C．我跟市长没有什么话可说

    D．这个任务只能交给别人做

24. 甲：听说你看中了一套房子？

  乙：我看中有什么用。太太说那个小区规模太小，小区里没有超市，没有小学，还说小区附近以后会修一条高速公路，环境不好。

  问：下面哪一项与对话的意思不符？

    A．我喜欢那套房子，但太太不满意

    B．小区不大

    C．生活设施不齐全

    D．小区旁边有一条高速公路，很吵

25. 甲：你跟小王还有联系吗？

  乙：偶尔会打打电话，问问对方的情况，虽然是老同学、好朋友，但毕竟大家都很忙也不住在一个城市里。

  问：从对话中可以知道：

    A．我和小王有时候会通通电话

    B．我经常给小王打电话

    C．我和小王是同学

    D．A和C

26. 甲：你说大卫和田中谁的汉语水平高？
    乙：这要看怎么比了，要说口语，大卫比田中强多了，但是要说写，大卫就没法和田中相比了，田中不光汉字写得好看，作文也写得不错。
    问：田中的汉语怎么样？
    A．写的水平跟大卫一样
    B．说得比大卫好
    C．说比写好
    D．写比说好

27. 甲：你觉得今晚的演出好看吗？
    乙：以前的演出，要么只是唱，要么只是跳，像这样又唱又跳的还没有过。
    问：今晚演出的节目内容怎么样？
    A．没有去看
    B．既有唱又有跳
    C．只有唱歌
    D．只有跳舞

28. 甲：小陈看起来脸色不太好，是不是身体不舒服？
    乙：他呀，接了一个设计任务，原来说好三个人做的，现在有一个人出差了。为了赶时间，他只好一个人干两个人的活儿，天天晚上开夜车。你说脸色能好吗？
    问：小陈的脸色为什么不好？
    A．生病了
    B．出差太累
    C．睡眠不足
    D．不想接设计任务

29. 甲：这苹果看起来没有什么不同啊，为什么价格不一样？
    乙：这是北京产的，那是山东产的。
    问：为什么苹果的价格不一样？
    A．北京产的要贵一些
    B．山东产的要贵一些
    C．产地不同
    D．品种不同

30. 甲：我觉得我挺倒霉的，我花在学习上的时间比小陈多多了，可是每次考试小陈都比我考得好。
    乙：傻瓜，学习要讲究方法，不然你花再多的时间也不会有什么效果。
    问：第二个人的意思是：
    A．"我"比小陈傻，所以小陈考得比"我"好
    B．学习的方法很重要
    C．学习方法不对，多花时间不一定有好的效果
    D．B和C

31. 甲：今天小李让我陪她去买衣服，没想到小李一件衣服也没买到，我反而买了三件衣服。
乙：买衣服就是这样，你特意去买吧，往往买不到合适的衣服，随便看看吧，没准儿就有意想不到的收获。
问：下面哪一项不符合对话的意思？
A．本来我今天没准备买衣服
B．小李不想买衣服
C．专门去买衣服，常常买不到合适的衣服
D．小李一件衣服也没有买

32. 甲：医生说他住院期间不能吃肉。
乙：还好不是我，我一顿不吃肉就饿得慌。
问：第二个人的意思是：
A．他现在很饿
B．他不喜欢吃肉
C．不吃肉他会觉得很饿
D．他现在不能吃肉

33. 甲：这几年中国经济正在高速发展，一些大城市的生活水平跟发达国家都差不多了。
乙：是啊，不过全国的经济水平和发达国家相比，还是有差距。
问：下面哪句话的意思和对话不符？
A．中国经济发展得很快
B．某些大城市的生活水平跟发达国家一样高
C．中国的经济水平还是比不上发达国家
D．中国的经济水平已赶上发达国家

34. 甲：他们怎么都把头发弄成黄颜色，你觉得好看吗？
乙：不管好看不好看，喜欢不喜欢，那叫时尚。
问：第二个人的意思是：
A．黄颜色的头发好看
B．黄颜色的头发不好看
C．黄颜色的头发时髦
D．没有人不喜欢黄颜色的头发

35. 甲：如果你考不上博士，你怎么办？
乙：那就继续努力，我不会轻易放弃的。
问：下面哪一项与对话的意思不符？
A．我准备考博士
B．我没有考上博士
C．如果没有考上博士，我会再考
D．我考博士的决心很坚定

第三部分

36—38题是根据下面这段对话：

甲：明天是我儿子的生日，我不知道买什么礼物给他，你帮我出出主意。

乙：昨天我上街的时候，看到商店在推销一种新产品，那玩意儿设计得很特别，看起来像玩具，但实际上是一种电子教学工具。

甲：它有什么特殊的功能？

乙：如同人的大脑，可以思维。按键盘可以教你汉语和英语的发音，如果你读错了，就让你再读一遍；还可以教数学，做完题目，会告诉你得了多少分，挺生动的。不仅可以当玩具玩儿，小孩子也可以从中得到学习的乐趣。

甲：听起来挺不错的，那一定很贵吧？

乙：好像一百多块钱，虽然不算便宜，但给孩子买套衣服一百多块钱，一般就穿一年，这个东西可以用好多年呢。我觉得买这个做为生日礼物最合适不过了。

36．商店推销的新产品到底是什么？

    A．玩具

    B．键盘

    C．电子教学工具

    D．玩意儿

37．下面哪一个作用新产品不具有？

    A．读汉语

    B．读英语

    C．教画画儿

    D．做数学题

38．新产品贵不贵？

    A．比买衣服贵

    B．很便宜

    C．不贵

    D．很贵

39-41题是根据下面这段短文：

　　人类发展至今已经发生了巨大的变化。现在人类已经进入了知识经济发展的时代，这也是一个知识、技术高速发展的时代。据研究数据显示，人类知识总量正以每年20％的幅度增加。人们在学校学到的知识只是一辈子所需的10％，还有90％是在实践中不断学习、积累获得的。过去我们遇到不认识字，不会看报、读杂志的人，就说他们没文化、没知识；现在人们把不懂得英特网、没有专业学科知识、缺乏技术能力的人说成是没知识、没文化。对此，我们必须要有一个十分清醒的认识，就是具有硕士和博士学位的人，也要随时学习和补充知识，否则就无法与时代同步。

39．我们一辈子所需要的知识绝大部分是从哪里获得的？
　　A．学校
　　B．家里
　　C．在实践中
　　D．英特网

40．现在人们说某个人没知识、没文化不包括下面哪一项？
　　A．不会看报纸
　　B．不懂电脑
　　C．没有专业知识
　　D．缺乏技术能力

41．从短文中可以知道下面哪一项不对？
　　A．知识是学不完的
　　B．要跟上时代的发展，就要随时学习，补充知识
　　C．如果你是硕士或博士，你的知识就够用一辈子了
　　D．高学历的人同样需要不断学习和积累知识

42-44题是根据下面这段对话：

　　女：小张，你最近看起来好像很疲倦，没什么精神。
　　男：嗨，晚上老是睡不着。
　　女：怎么回事？是不是有什么心事？
　　男：没有，只是老想着有很多东西要学，有很多工作要做。你知道，现在岗位竞争很激烈，我不努力，就会下岗。
　　女：可是睡眠不足会影响人的体力和精力，这样会降低你的学习和工作效率。
　　男：那你说我应该怎么办？
　　女：不光要工作，也要有适当的娱乐和休息，比方说听听音乐，跳跳舞，或者做一些适当的体育运动。工作之余，要彻底放松自己，不要总是让自己的大脑处于紧张的状态，这样有助于提高你的睡眠质量。睡觉睡好了，休息好了，工作才会干得更好。
　　男：说得有道理，我是应该学会调节自己的精神状态，合理安排自己的工作和生活。

42. 小张为什么老是睡不着?
    A. 因为工作上的事
    B. 因为学习上的事
    C. 因为和同事吵架
    D. 因为运动太激烈

43. 对话中"适当的娱乐和休息"不包括下面哪一项?
    A. 睡觉
    B. 听音乐
    C. 跳舞
    D. 体育运动

44. 对话给我们的启示是:
    A. 睡觉比工作重要
    B. 工作比睡觉重要
    C. 工作和休息一样重要
    D. 娱乐是最好的休息方法

086

45-47题是根据下面这段短文:

　　看着一群少男少女,为了能见上一位歌星,在风雨中苦苦等待,你可能认为这是很无聊的事,但他们却认为这是一种乐趣;有些人一天到晚地工作,你可能会认为他们是傻瓜,他们却认为在工作中找到了自己存在的价值;有些人喜欢买名牌时装,认为这是时尚,你可能会觉得这是浪费钱;有些人喜欢收藏工艺品,认为这是一种身份的表现,你可能会认为一点儿意思都没有,有些人认为没工作是很倒霉的事,有些人却认为可以不用工作很幸运……

　　是啊,有的人讲究吃,有的人讲究玩儿,有的人讲究穿,有的人却把精力花在学习和工作上。其实,每个人都有自己的思维和生活方式,我们又何必去议论和评价呢?选好适合自己的生活方式,开心就好,你说呢?

45. 从短文中可以知道对一件事情或一种情况的看法:
    A. 大家都差不多
    B. 大家是一样的
    C. 可能会差得很远
    D. 可能会不同,但应该把意见说出来

46. 下面哪一种情况短文没有提到?
    A. 有的人觉得等歌星很快乐,有的人会觉得一点儿意义都没有
    B. 有的人觉得买名牌时装很时髦,有的人觉得是浪费钱
    C. 有的人觉得旅游很开心,有的人觉得是花钱买疲劳
    D. 有人觉得没工作很倒霉,有的人觉得可以不工作很幸运

47. 下面哪一项不正确？

　　A. 思维和生活方式没有好坏的区别

　　B. 每个人都有自己的思维方式和生活方式

　　C. 没有必要谈论别人的行为是好还是不好

　　D. 应该帮助别人选择合适的生活方式，开心地生活

48—50题是根据下面这段对话：

　　甲：时间不早了，我得告辞了。

　　乙：你总是来去匆匆，忙什么呢？

　　甲：我回去还要赶写一篇文章。

　　乙：什么文章，这么赶？

　　甲：老话题了，关于环境保护的，答应过别人这两天交文章。

　　乙：那你是怎么看我们这个城市的环境问题的？

　　甲：环境代表一个城市的整体形象。前几年，经济发展得不错，环境却遭到严重的破坏，付出的代价很大。这几年市政府非常重视环境问题，现在我市的环境已经有了很大的改变。据统计，今年出现蓝天白云的天数已累计达到131天，和去年相比，增加了20多天，空气质量明显比去年好，所以说重视不重视，效果是很不一样的。当然和其他城市比还有一定的差距。

　　乙：你的评价倒是挺客观的。不过，环境保护是一个系统工程，涉及的因素很多，但最重要的是大家要有保护环境的意识。

　　甲：是啊，这也是我写这篇文章的目的。

48. 前几年，我市的情况怎么样？

　　A. 经济发展得不错

　　B. 环境保护工作也做得不错

　　C. 环境保护工作很落后

　　D. A和C

49. 下面哪一项不符合我市现在的情况：

　　A. 环境破坏很严重

　　B. 环境好多了

　　C. 空气质量比以前好

　　D. 和别的城市比，我市的环境还不算很好

50. "我写这篇文章的目的"是：

　　A. 答应过别人的事一定要完成

　　B. 找出我市在环境方面和别的城市的差距

　　C. 客观评价我市的环境情况

　　D. 提醒大家要有保护环境的意识

第九课

废纸桶和墙、爱与被爱

生 词

1. 废　　　fèi（形）没有用处的，或已经失去使用价值的
2. 画家　　huàjiā（名）painter
3. **千方百计**　qiānfāng bǎijì　形容想尽或用尽各种方法
4. 赞扬　　zànyáng（动）称赞并表扬
5. 尝试　　chángshì（动）试；试验
6. 自身　　zìshēn（代）自己，强调不是别人
7. **接二连三**　jiē'èrliánsān　一次紧跟着一次，一个紧跟着一个，中间不断开
8. 荣誉　　róngyù（名）honour, credit
9. 得意　　déyì（形）符合愿望，觉得满足
10. **与此同时**　yǔcǐtóngshí　在某事发生的同一时间里
11. 构思　　gòusī（动）写文章或制作工艺品时专心认真地想
12. 丝毫　　sīháo（副）极少或很少；一点儿
13. 牢记　　láojì（动）记住；决不忘记
14. 舒畅　　shūchàng（形）开心愉快，舒服痛快
15. 失恋　　shīliàn（动）恋爱的一方失去另一方的爱情
16. 分手　　fēnshǒu（动）分开
17. **一心一意**　yìxīnyíyì　很专心
18. 气愤　　qìfèn（形）生气；愤怒
19. 学问　　xuéwèn（名）关于某方面的知识；也指比较深的道理
20. 嘲笑　　cháoxiào（动）笑话别人
21. 忍受　　rěnshòu（动）把痛苦、困难等勉强接受下来
22. 烦恼　　fánnǎo（形）烦闷苦恼
23. 盲目　　mángmù（形）认识不清；没有目的
24. 牺牲　　xīshēng（动）to sacrifice, to give up

专有名词

1. 赵刚　　Zhào Gāng　人名
2. 肖明　　Xiāo Míng　人名

语法点

1. 程度补语：形容词＋得＋不行　　大家知道可以去旅行都高兴得不行。
2. 副词：明明　　　　　　　　　　钥匙我明明放在桌子上了，怎么找不到了呢？
3. 副词：居然　　　　　　　　　　我没想到他居然可以考第一名。

精听部分

一、听句子，填空：

1. 这些都是<u>废</u>纸，拿去和旧报纸一起卖了吧！
2. 原来的方法不太好，于是他们<u>尝试</u>使用新的办法。
3. 整个下午<u>接二连三</u>地有人来办公室办事，他们一直没有休息。
4. 他知道妹妹很喜欢邮票，就<u>千方百计</u>地到处去收集。
5. 这次考试小伟得了全班第一名，他觉得很<u>得意</u>。
6. 小王非常认真地跟着师傅学技术，<u>丝毫</u>不敢马虎。
7. 小兰20岁了连饭也不会做，朋友们都在<u>嘲笑</u>她。
8. 她最近心情很<u>舒畅</u>，因为她考上了博士，还有下个月要结婚了。
9. 他可以回答你这些问题，他是我们这儿最有<u>学问</u>的人。
10. 你要离开家了，爸爸这些话你一定要<u>牢记</u>在心里。
11. 她实在<u>忍受</u>不了南方的气候，只好回到北方。
12. 他<u>一心一意</u>地在看书，有人进来了也不知道。
13. 我妈妈竟然不相信我说的话，这让我非常<u>气愤</u>。
14. 小王和女朋友<u>分手</u>了，所以最近心情不好。

二、听句子，根据要求选择正确答案：

1. 我忍受不了他的嘲笑，气愤地走了。
    问：句子的意思是：
        A. 我嘲笑他
        B. 他很气愤
        C. 我很气愤，他就走了
        D. 我不想再听到他嘲笑我的话

2. 他们一直在千方百计地尝试用这种新药代替原来用的药。
    问：说话人的意思是：
        A. 他们一直在使用新药
        B. 用新药代替原来的药很容易
        C. 他们想了很多办法来试验新药
        D. 他们要尝尝新药

3. 小王得到了著名画家徐洪的赞扬，得意得不行。
    问：从这句话我们知道什么？
        A. 小王很高兴
        B. 徐洪很得意
        C. 徐洪赞扬小王

D. A 和 C

4. 这些年王林一心一意做学问，丝毫不关心找女朋友的事。
   问：句子的意思是什么？
   A. 王林学习很专心
   B. 王林一点儿都不关心女朋友
   C. 王林结婚几年了
   D. 王林一点儿都不喜欢做学问

5. 陈医生经常牺牲休息时间为人看病，赢得了病人的赞扬。
   问：从句子中我们知道什么？
   A. 陈医生常常休息
   B. 陈医生比赛赢了
   C. 陈医生休息时间也工作
   D. 陈医生为了救病人牺牲了

6. 不去看医生，自己盲目吃药，弄坏了身体，难道不愚蠢吗？
   问：下面哪一项不正确？
   A. 自己乱吃药会弄坏身体
   B. 有病不去看医生是很笨的行为
   C. 有病应该去看医生
   D. 乱吃药不算愚蠢

7. 小徐，你居然可以忍受他接二连三的嘲笑，我真想不通。
   问：下面哪一项是不正确的？
   A. 他嘲笑过小徐好几次
   B. 小徐受不了他的嘲笑
   C. 我没想到小徐受得了他的嘲笑
   D. 如果是我，一定受不了他的嘲笑

8. 王刚，我明明告诉过你我和张强已经分手了，你居然还跟别人说我是张强的女朋友，你到底是什么意思？
   问：说话人的意思是什么？
   A. 她是张强的女朋友
   B. 明天她要和张强分手
   C. 王刚不清楚他们分手没有
   D. 她不让王刚再说她是张强的女朋友

9. 李先生在设计中不断尝试改变，终于赢得了"第一设计师"的荣誉。
   问：下面哪一项是不正确的？
   A. 李先生总是在设计中有所变化

B. 李先生是最好的设计师

C. 李先生成为第一设计师很光荣

D. 李先生的设计非常传统

10. 你说的那几句话我一直牢记在心里，丝毫不敢忘记。

问：句子的意思是什么？

A. 我一点儿也没有忘记你的话

B. 我只记住了一点点你说的话

C. 我想忘记你的话，可是忘不了

D. 以上答案都不对

11. 那封信我看完后明明扔到废纸桶里的，废纸都没倒掉，怎么会不见了呢？

问：下面哪一项不正确？

A. 我记得我扔了那封信

B. 那封信应该在废纸桶里

C. 我从来没有见过那封信

D. 很奇怪那封信居然不见了

12. 没有得到荣誉光烦恼有什么用，要从自身找找原因。

问：句子的意思是什么？

A. 没有荣誉，也没有烦恼

B. 没有烦恼很光荣

C. 荣誉没有什么用

D. 没有得到荣誉跟自己有关系

三、听对话，选择正确答案：

甲：小肖，也来散步哇！你看这儿黄昏的景色多漂亮，真令人心情舒畅！

乙：唉！老李，我哪里舒畅得起来呀！

甲：怎么啦？

乙：你知道赵明赢得"第一设计师"荣誉的事情吗？

甲：怎么会不知道？全公司的人都知道。你看他这几天，简直得意得不行。

乙：其实，参加比赛的作品是我和他一起设计的，我们明明说好一起参加比赛的，谁知他只报了他自己的名字。

甲：居然有这种事？太让人气愤了。你怎么不去找他问问呢？

乙：谁说没去呢？可他不但不承认，还嘲笑我愚蠢，说为什么我自己不去报名。

甲：这种话真让人很难忍受。

乙：可不是！我牺牲了好多时间和精力，一心一意和他合作；可现在，荣誉是他一个人的，我只是个被人嘲笑的糊涂虫。

甲：小肖，你也别太烦恼了。这件事情让你看清了他的真面目，也算是件好事吧。

乙：唉，也只能这么想了。

问：

1. 他们谈话的时候在做什么？
   A．比赛
   B．设计
   C．散步
   D．报名

2. 老李的心情有什么变化？
   A．从舒畅到烦恼
   B．从舒畅到气愤
   C．从得意到烦恼
   D．从气愤到烦恼

3. "第一设计师"的荣誉本来应该属于谁？
   A．小肖
   B．赵星
   C．小肖和老李
   D．小肖和赵明

4. 小肖为什么没有赢得荣誉？
   A．他没有和赵明说好一起参加比赛
   B．他设计的时候不认真
   C．他设计时没有花太多时间
   D．他自己没有去报名，赵明也没有帮他报

5. 关于赵明，对话中没有提到的是哪一项？
   A．心情舒畅
   B．非常得意
   C．嘲笑小肖愚蠢
   D．不承认自己说过的话

泛听部分

废纸桶和墙

赵刚和肖明是两个特别喜欢画画儿的孩子，他们的妈妈都希望自己的孩子以后能成为画家。所以母亲们都千方百计地培养孩子们画画儿。

赵刚的妈妈给了赵刚画纸、画笔，还有一面墙。她让赵刚把画好的画儿都贴在客厅的墙上。客人们看到赵刚的画儿都赞扬赵刚画得好。这正是赵刚的妈妈所希望的，她认为，称赞的话对培养赵刚的自信很重要，它是成功的关键。

肖明的妈妈也给了肖明三样东西：画纸、画笔和一个废纸桶。妈妈让肖明把画好的每一张画儿都扔到这个废纸桶里。她告诉肖明，不要太在乎别人怎么说，最重要的是要敢于尝试，敢于否定自身才会有所创新。

在接下来的日子里，赵刚的画儿多次参加画展，接二连三地获奖，赢得了不少荣誉和称赞，他很得意，觉得自己的画儿不错，就一直按照这种风格画下去了。与此同时，肖明很少参加画展，他在不停地画，不停地创作，努力把新的构思用画笔表现出来。他常常没有丝毫的犹豫就把画好的画儿扔进废纸桶，又重新构思。<u>虽然常常累得不行，但却一直坚持，因为他牢记着妈妈的话，敢于否定才会有所创新。</u>

30年后，肖明的画儿越来越引起人们的重视，肖明也终于成为一位著名的画家。而人们对赵刚几十年不变的画儿已经不感兴趣了。结果，肖明的画儿被人们挂到了墙上，而赵刚的画儿则被人们从墙上取了下来。

（根据《读者》相关文章改写）

一、根据内容回答问题：

1. 赵刚的妈妈给了赵刚三样什么东西？ 画纸、画笔、一面墙

2. 肖明的妈妈给了肖明三样什么东西？ 画纸、画笔、一个废纸桶

3. 谁先成为了一位著名的画家？ 赵刚

4. 肖明什么时候成为了一位著名的画家？ 30年后

二、判断句子正误：

1. 赵刚的妈妈希望赵刚敢于尝试。（ × ）

2. 肖明的妈妈认为要认真听别人的意见。（ × ）

3. 赵刚参加过很多次画展。（ ✓ ）

4. 肖明为了赢得荣誉和称赞，常常累得不行。（ × ）

5. 赵刚画画儿的风格一直没有什么变化。（ ✓ ）

三、根据要求选择正确答案：

1. 两位母亲做的同样的事情是：

   A．给孩子一面墙

   B．给孩子一个废纸桶

C．想办法让孩子成为画家

D．想办法学习画画儿

2．赵刚为什么把画儿贴在墙上？

A．他画画儿画得很好

B．会得到妈妈的赞扬

C．会得到客人的赞扬

D．画儿贴出来好看

3．赵刚得意的原因不包括哪一项？

A．获得了好几次奖

B．得到了很多荣誉

C．很多人赞扬他

D．他的画儿有所创新

4．肖明为什么总是把画儿扔掉？

A．他认为敢于否定才会有所创新

B．别人说不好

C．画得不好

D．可以培养自信心

5．几十年后，情况发生了什么变化？

A．赵刚一直无法成为著名画家

B．肖明比赵刚更有名了

C．赵刚几十年不画画儿了

D．肖明的画儿被取下来了

爱与被爱

　　有一个哲学家，吃完晚饭后去郊外散步，黄昏美丽的景色使哲学家觉得心情非常舒畅。走着走着，突然看见一个小伙子在伤心地哭，他就走向前去问个究竟。小伙子回答道："我失恋了，女朋友跟我分手了，我那么爱她，一心一意地爱她，可她却忍心离开我！您说，我怎能不伤心落泪呢？"

　　哲学家听后不由得大笑着说："你真是太糊涂了，太糊涂了！"

　　听了这话，小伙子很气愤地说："虽然您很有学问，可是也不能随随便便地嘲笑我呀，您知道忍受失恋的痛苦是什么滋味吗？！"

　　哲学家摇着头说："我并不是嘲笑你，我很理解你的痛苦，我只是觉得你这么伤心太不值得了，是在自寻烦恼。"

　　看见小伙子似懂非懂，哲学家接着说："你如此伤心，可见你非常爱你的女朋友，你的心中充满了爱，你并没有失去爱，你失去的只是一个不爱你的人。而你的女朋友失去的不仅仅是爱，还失去了一个深爱她的人，她多可怜啊！明明伤心的应该是她，而你居然却比她更伤心，值得吗？爱必须被你所爱的人接受才是真正的爱，否则爱就不成立了。"

　　听了哲学家的话，小伙子笑了，觉得自己真愚蠢，盲目的爱使自己成了爱情的牺牲品，实在不应该。

（根据《读者》相关文章改写）

一、根据内容回答问题：

1. 什么使哲学家心情舒畅？ 黄昏美丽的景色

2. 哲学家说小伙子太糊涂了，小伙子觉得怎么样？ 很气愤

3. 哲学家认为小伙子失去的是什么？ 一个不爱他的人

4. 哲学家认为小伙子以前的女朋友失去的是什么？ 爱和一个深爱她的人

二、判断句子正误：

1. 哲学家在公园散步。（ × ）

2. 哲学家不理解小伙子的痛苦。（ × ）

3. 哲学家认为小伙子在自寻烦恼。（ ✓ ）

4. 哲学家认为那个女孩儿才应该伤心。（ ✓ ）

5. 最后小伙子觉得自己真是个愚蠢的人。（ ✓ ）

三、根据要求选择正确答案：

1. 开始小伙子的心情怎么样？

　　A．很舒畅

　　B．很伤心

　　C．很糊涂

　　D．很开心

2. 小伙子为什么哭？
    A. 他的女朋友离开他了
    B. 哲学家嘲笑他
    C. 他觉得自己没有学问
    D. 他不忍心离开女朋友

3. 哲学家为什么笑小伙子？
    A. 小伙子居然哭了
    B. 小伙子很愚蠢
    C. 小伙子这么伤心不值得
    D. 不理解小伙子的痛苦

4. 哲学家没有提到下面哪一项？
    A. 小伙子心中充满了爱
    B. 小伙子并没有失去爱
    C. 小伙子只是失去一个不爱他的人
    D. 小伙子非常可怜

5. 最后小伙子明白了什么？
    A. 不应该和女朋友分手
    B. 应该盲目地去爱
    C. 不应该成为爱情的牺牲品
    D. 自己原来是个可怜的人

讨论题：
1. 你认为《废纸桶和墙》中两位妈妈的做法怎么样？你认为成功的关键是什么？
2. 你是否同意"爱必须被你所爱的人接受才是真正的爱，否则爱就不成立"这个说法？

第十课
中国传统节日的起源、
中国最重要的传统节日

生 词

1. 形式　xíngshì （名）事物的形状、结构等
2. 岁月　suìyuè （名）年月；日子
3. 天文　tiānwén （名）astronomy
4. 节气　jiéqì （名）solar terms
5. 紧密　jǐnmì （形）关系十分近；很难分开
6. 鲜明　xiānmíng （形）明确
7. 大致　dàzhì （副）大概；大约
8. 定型　dìngxíng （动）to finalize the design, to become fixed
9. 丰收　fēngshōu （动）指农业上的收获很好
10. 迷信　míxìn （动、名）superstition
11. 色彩　sècǎi （名）事物的某种特点
12. 统一　tǒngyī （动）使部分合成整体
13. 良好　liánghǎo （形）比较好；令人满意
14. 气氛　qìfēn （名）atmosphere
15. 习俗　xísú （名）习惯和风俗
16. 差异　chāyì （名）不一样的地方；不同
17. 背景　bèijǐng （名）background
18. 农历　nónglì （名）traditional Chinese calendar
19. 民间　mínjiān （名）普通老百姓中间
20. 传说　chuánshuō （动、名）人们口头上流传下来的关于某人某事的说法
21. 爱国主义　àiguózhǔyì　patriotism
22. 诗人　shīrén （名）poet
23. 龙舟　lóngzhōu （名）dragon boat
24. 粽子　zòngzi （名）中国端午节吃的一种食品，用竹叶或苇叶把糯米、枣等包在一起，煮熟后食用
25. 拜　bài （动）一种表示尊敬的形式
26. 月饼　yuèbǐng （名）moon cake

专有名词

1．战国时期　　　Zhànguó shíqī　　Warring States Period
2．秦始皇　　　　Qínshǐhuáng　　the first emperor of the Qin Dynasty
3．汉朝　　　　　Hàncháo　　Han Dynasty
4．中央电视台　　Zhōngyāng Diànshìtái　　China Central Television
5．端午节　　　　Duānwǔ Jié　　Dragon Boat Festival
6．屈原　　　　　Qū Yuán　　战国末期楚国人，著名的政治家和爱国诗人
7．中秋节　　　　Zhōngqiū Jié　　Mid-Autumn Festival

语法点

1．副词：大都　　　我们班的同学大都是来自亚洲。
2．千山万水　　　　虽然我和他之间隔着千山万水，但心却是连在一起的。

精听部分

一、听句子，填空：

1．他们<u>大都</u>是从日本来的，只有小部分是从韩国来的。
2．小陈对<u>天文</u>很有兴趣，每天晚上都观察星星。
3．任何一种语言都跟文化有着<u>紧密</u>的联系。
4．他的观点十分<u>鲜明</u>，要让孩子早日独立生活。
5．我们俩的看法<u>大致</u>相同。
6．今年夏天西瓜大<u>丰收</u>，所以卖得很便宜。
7．这种工艺品很有地方<u>色彩</u>，你应该买回去做个纪念。
8．饭前洗手是一种<u>良好</u>的卫生习惯。
9．比赛之前，大家都不说话了，<u>气氛</u>有点儿紧张。
10．地方不同，<u>习俗</u>就不同。
11．不同地方的人生活习惯有很大的<u>差异</u>。
12．在这张照片里，你很漂亮，<u>背景</u>也很漂亮。
13．几乎每个国家都有关于月亮的<u>传说</u>。
14．李白是中国古代著名的<u>诗人</u>之一。

二、听句子，根据要求选择正确答案：

1．这件衣服的样子具有很鲜明的地方色彩。
   问：句子的意思是什么？
   　　A．衣服的样子很好看
   　　B．一眼就能看出衣服的地方特点
   　　C．衣服的颜色很鲜艳
   　　D．衣服是在那个地方做的

2．这个地方的人大都很迷信，你千万不要摸他们孩子的头。
   问：句子的意思是什么？
   　　A．这儿的人很相信你
   　　B．这儿的孩子都不相信外地人
   　　C．这儿很多人都认为孩子的头不能摸
   　　D．这儿的人都不喜欢摸头

3．不只是他们，在我们国家，人人都知道这个美丽的民间传说。
   问：句子的意思是什么？
   　　A．这个故事是一代一代传下来的
   　　B．大家都知道这个故事
   　　C．只有他们知道这个故事

D. 除了他们，大家都听过这个故事

4. 他怎么能这样？居然跟小王打起来，把良好的气氛都破坏了。
问：下面哪一项是不正确的？
A. 原来的气氛挺好
B. 他跟小王打起来了
C. 大家都觉得他应该跟小王打
D. 没想到他会跟小王打起来

5. 我和丈夫在生活上的差异太大了，没办法，谁让我们的成长背景不同呢？
问：说话人的意思不包括下面哪一项？
A. 她和丈夫不想在这儿生活
B. 丈夫的生活习惯和我的太不一样了
C. 丈夫和我成长的环境不同
D. 不同的成长环境会使人有不同的生活习惯

6. 要是你想学天文，就去拜他为师吧！他是这儿最有学问的天文学家。
问：说话人的意思不包括下面哪一项？
A. 应该跟那位天文学家学天文
B. 应该请那位天文学家做老师
C. 那位天文学家喜欢别人问他问题
D. 那位天文学家有很多天文知识

7. 他就是那个著名的爱国主义诗人，在战争时期，他的诗鼓励了许许多多的人。
问：下面哪一项不正确？
A. 他写了很多诗
B. 他热爱祖国
C. 他的诗鼓励了很多人
D. 他参加了那次战争

8. 我真不习惯这里的习俗，他们说的日期指的是农历。
问：从这个句子我们可以知道？
A. 说话人不喜欢农村
B. 这里的人习惯用农历
C. 这里的人不习惯用农历
D. 以上答案都不对

9. 别担心！我们很快就又见面了，我们的感情这么好，千山万水是分不开我们的。
问：从句子中可以知道什么？
A. 他们就要分别了
B. 他们将离得很远

C. 他们分开的时间不长

D. A、B和C

10. 这种节日的庆祝形式各地大致相同。

问：庆祝的方式各地情况怎么样?

A. 完全相同

B. 完全不同

C. 基本上相同

D. 有很大的差异

11. 同学们都同意买运动服，现在请每个同学交80块钱给班长，由他统一去买。

问：从这句话可以知道什么?

A. 只有一个同学想买运动服

B. 同学们一起去买运动服

C. 由班长去给大家买运动服

D. 以上答案都不对

三、听对话，选择正确答案：

甲：陈老师，明天是中国的中秋节，对吗?

乙：不对呀! 中秋节还没到吧!

甲：可是我看过的一本书上说中秋节是8月15号啊。

乙：噢! 我知道怎么回事了! 书上说的是中国的农历，不是现在美国用的公历。如果是公历的话，中秋节大都在9月初。

甲：我明白了。听说中秋节中国人都吃月饼，月饼是什么味道呢?

乙：很难说。各地的月饼都有鲜明的地方色彩，用的材料、样子、味道什么的都有一些差异。不过庆祝中秋节的习俗各地都差不多，晚上全家坐在外面，吃月饼、欣赏月亮，大人给孩子讲关于月亮的民间传说。边吃边聊，那种气氛非常好。

甲：那您今年回国过中秋吗?

乙：千山万水的，回去一趟也不容易，还是明年春节再回去吧! 家里打电话说会给我寄月饼，到时你们来尝尝。

甲：好的，谢谢! 到时我给您照张照片儿，背景是美国的月亮，说明您是在美国过的中秋节。

乙：好啊! 这个建议很有意思。

问：

1. 他们是什么时候在哪儿谈话的?

A. 8月14日、美国

B. 8月15日、中国

C. 9月14日、美国

D. 9月15日、中国

2. 中秋节大都在什么时候？

    A. 农历 8 月底

    B. 公历 8 月中

    C. 农历 9 月中

    D. 公历 9 月初

3. 关于月饼，对话中没有提到的是哪一项？

    A. 不同地方的月饼味道不太一样

    B. 月饼也有地方特点

    C. 各地的月饼都很新鲜，颜色也很好看

    D. 各地做月饼的材料不完全相同

4. 庆祝中秋节的习俗，对话中没有提到的是哪一项？

    A. 坐在家里聊天儿

    B. 吃月饼

    C. 看月亮

    D. 小孩儿听大人讲民间传说

5. 陈老师为什么不回国过中秋节？

    A. 他要爬很多山

    B. 他刚从家里回来

    C. 太远了，来回一趟不容易

    D. 他今年春节回过家，不想回去了

泛听部分

中国传统节日的起源

中国的传统节日很多，形式多种多样，内容丰富多彩，是中华民族文化历史的一个重要组成部分。它的起源和形成经历了漫长的历史岁月，大都与农业生产、天文、节气等有着紧密的联系，具有鲜明的农业文化特色。

中国传统节日的形成大致经历了起源、定型和性质转变等三个阶段。根据历史资料记载，早在战国时期，古人就根据天文现象和农业需要把一年分为二十四个节气。大部分节日的起源也在这一时期，大都与节气、祈祷幸福和丰收等活动有关，但是都带有一定的迷信色彩，还不是真正意义上的节日。到了汉朝，节日基本定型。在中国历史上，汉朝是继秦始皇统一中国后的第一个兴旺时期，无论是社会经济还是科学文化都有了很大的发展，这给节日的最后形成提供了良好的社会条件。到了唐代，节日的性质已经转变为娱乐型并最后定型，不同的节日有不同的庆祝方式，节日的食物也不相同，还出现了许多具有民族特色的歌舞、音乐、体育等活动，为节日增加了欢乐的气氛，这种集庆祝、娱乐、饮食于一体的形式很快就流行起来，并一直保留到今天。虽然不同民族和不同地区在节日庆祝上的习俗存在一定的差异，但是，由于节日的形成来源于共同的社会背景和日常生活，因此主要的传统节日普遍受到各族人民的接受和承认。

一、根据短文内容连线：

汉朝　　　　　　　　节日的起源
唐代　　　　　　　　节日基本定型
战国时期　　　　　　性质转变和最后定型

二、判断句子正误：

1. 传统节日有鲜明的工业文化色彩。（×）
2. 在起源时期，大部分节日都有一定的迷信色彩。（√）
3. 唐代是秦始皇统一中国后的第一个兴旺时期。（×）
4. 不同民族不同地区庆祝节日的习俗不同。（√）
5. 很多民族不接受主要的传统节日。（×）

三、根据要求选择正确答案：

1. 与中国传统节日联系紧密的不包括下面哪一项？
　　A. 农业生产
　　B. 节气
　　C. 天文
　　D. 地方特色

2. 古人什么时候开始把一年分为二十四个节气?
   A. 战国时期
   B. 秦始皇统一中国时
   C. 汉朝
   D. 唐代

3. 什么给节日的最后形成提供了良好的社会条件?
   A. 迷信活动
   B. 出现了许多具有民族特色的歌舞
   C. 社会经济和科学文化的发展
   D. 各族人民的接受

4. 节日定型后的情况不包括下面哪一项?
   A. 不同的节日有不同的庆祝方式
   B. 节日的食物也不相同
   C. 出现了许多具有民族特色的活动
   D. 不同的节日有不同的迷信色彩

5. 关于节日,下面哪一个说法不正确?
   A. 中国传统节日的形成大概经历了三个阶段
   B. 战国时期的节日大都与节气、祈祷幸福和丰收有关
   C. 现在已经没有集庆祝、娱乐、饮食于一体的形式了
   D. 不同地区庆祝节日的习俗有一定的差异

中国最重要的传统节日

中国是一个多民族的国家，各民族的传统节日到底有多少，很难进行准确的数字统计，但是在这么多的节日中，春节、端午节、中秋节则是中国人最重视的节日。

春节在农历的一月一日，是民间最古老、最热闹的传统节日。也是一家人团圆的日子。新年前的一天叫"除夕"，这天的晚上，远隔千山万水的人们，再忙也会放下手上的工作，回到父母、兄弟姐妹的身边，吃上一顿"团年饭"。从80年代开始，除夕还多了一个节目，那就是看中央电视台春节联欢晚会的节目。到了新年的早晨，人们会打扮得整整齐齐、漂漂亮亮去拜访亲朋好友，互相说一些祝福的话。

端午节在每年农历的五月五日，也叫"五月节"。传说这个节日是为了纪念战国时期的爱国主义诗人屈原的。端午节的主要庆祝形式是龙舟比赛和吃粽子。其中龙舟比赛还成为当今的国际性体育比赛。

中秋节是每年农历的八月十五日，它起源于古代的拜月活动，实际上是一种祈祷农业丰收的仪式，慢慢地变成了赏月的风俗，月饼是中秋节的代表食物，圆圆的月饼还有表示"团圆"的意思呢。

一、根据短文内容连线：

中秋节   农历五月五日 —————— 龙舟比赛
春节   农历八月十五日   吃团年饭
端午节   农历一月一日   吃月饼

二、判断句子正误：

1. 民间最古老、最热闹的传统节日是春节。（✓）
2. 春节后的第一天叫做"除夕"。（×）
3. 春节人们习惯全家外出游玩。（×）
4. 龙舟比赛现在成了国际性体育比赛。（✓）
5. 古代的拜月活动其实是一种祈祷幸福的仪式。（×）

三、选择正确答案：

1. 哪一项活动不是在除夕进行的？
   A．拜访亲朋好友，互相祝福　B．看中央电视台的春节联欢晚会
2. 在哪一个节日人们纪念爱国主义诗人屈原？　A．端午节　B．中秋节
3. 端午节的代表食物是哪一种？　A．月饼　B．粽子
4. 爱国主义诗人屈原是哪个时期的人？　A．三国时期　B．战国时期
5. 月饼代表什么意思？　A．祈祷农业丰收　B．团圆
   答案：1．A 、2．A、3．B、4．B、5．B

讨论题：

1. 你参加过中国的节日庆祝活动吗？请介绍一下当时的情况。
2. 请介绍一个你们国家的传统节日。

第十一课

乒乓球奇妙的故事、体育新闻

生 词

1. 木塞　　mùsāi（名）cork
2. 橡胶　　xiàngjiāo（名）rubber
3. 层　　　céng（量）layer (measure word)
4. 损坏　　sǔnhuài（动）to damage, to injure
5. 空心　　kōngxīn（形）物体的内部什么也没有
6. 颗粒　　kēlì（名）外形小而圆的东西
7. 拍子　　pāizi（名）拍打东西的用具
8. 弹　　　tán（动）to spring, to leap
9. 联合　　liánhé（动）互相结合在一起
10. 男子　　nánzǐ（名）男性
11. 团体　　tuántǐ（名）organization, group, team
12. 领先　　lǐngxiān（动）指比赛进行中得分比别人高
13. 决赛　　juésài（名）最后决定输赢的比赛
14. 观看　　guānkàn（动）特意地看；参观
15. 混合　　hùnhé（动）不同性质的人或事物在一起
16. 亚军　　yàjūn（名）比赛中的第二名
17. 选手　　xuǎnshǒu（名）选出来的参加比赛的人
18. 缩　　　suō（动）因紧张、害怕而后退
19. 旋转　　xuánzhuǎn　物体自身转动或围着另一个物体转动
20. 局　　　jú　比赛性质的活动，进行一次为一局
21. 优势　　yōushì（名）比对方好、能取得胜利的有利形势
22. 对手　　duìshǒu（名）比赛的双方
23. 比分　　bǐfēn（名）比赛双方用来比较成绩、决定胜负的
24. 凶猛　　xiōngměng（形）violent, ferocious
25. 进攻　　jìngōng（动）在比赛中发动攻势
26. 被动　　bèidòng（形）passive
27. 顽强　　wánqiáng（形）坚强
28. 拼搏　　pīnbó（动）尽全力去取得

107

专有名词

1. 剑桥大学　　Jiànqiáo Dàxué　Cambridge University
2. 伦敦　　　　Lúndūn　London
3. 锦标赛　　　jǐnbiāosài　Championship
4. 匈牙利　　　Xiōngyálì　Hungary
5. 巴黎　　　　Bālí　Paris
6. 孔令辉　　　Kǒng Lìnghuī　人名
7. 奥地利　　　Àodìlì　Austria
8. 施拉格　　　Shīlāgé　人名　Schlager Werner

语法点

1. 目的复句：……以便……　他常常跟中国人谈话，以便提高自己口语水平。
2. 副词：接连　　　　　　他一回家就接连打了几个电话。

精听部分

一、听句子，填空：

1. 晚上睡觉时我就调好了闹钟，<u>以便</u>明天上午准时起床。
2. 他使劲一拍，球就<u>弹</u>了起来。
3. 这几家小公司<u>联合</u>起来组成了一家大公司。
4. 昨天他们观看了女子足球赛，我们观看了<u>男子</u>排球赛。
5. 这次学校的乒乓球赛，我们学院得了<u>团体</u>赛的冠军。
6. 明天就要举行<u>决赛</u>了，到时就可以知道谁是冠军了。
7. <u>亚军</u>是在冠军之后和第三名之前。
8. 参加大学生运动会的<u>选手</u>都来到了这个城市，他们都是各个院校挑选出来的优秀运动员。
9. 地球绕着太阳<u>旋转</u>。
10. 这次比赛我遇到了真正的<u>对手</u>，费了很大力气才赢了他。
11. 现在北京队和上海队的<u>比分</u>是110：105。
12. 这几天的天气不太好，<u>接连</u>下了好几场大雨。
13. 学习要主动，<u>被动</u>地学效果不好。
14. 这个姑娘很<u>顽强</u>，得了病，还一直坚持工作。

109

二、听句子，根据要求选择正确答案：

1. 在昨天的决赛中，王强以3：4的比分获得了亚军。
   问：下面哪句话和原句的意思不符？
   A．王强的对手获得了冠军
   B．王强得了第二名
   C．王强赢了4局
   D．决赛是昨天举行的

2. 这两所大学联合举办了一次大学生足球比赛，一共有超过5000人观看。
   问：从这句话可以知道什么？
   A．比赛是三所大学一起举办的
   B．有5000人参加比赛
   C．比赛一共有5000多个观众
   D．据估计，将有5000多人观看比赛

3. 你把花瓶用布包一层，再用纸包一层，然后放到旅行箱里，这样花瓶在旅途中一般不会被损坏。
   问：从这句话可以知道什么？
   A．花瓶如果不包就容易打坏
   B．瓶子一共包了四层

C. 应该把花瓶放到箱子里

D. 不能用纸包瓶子

4. 比赛前，大家都认为来自奥地利的两个选手有明显的优势。

　　问：下面哪句话与原句的意思不符？

　　　　A. 大家要在奥地利选运动员参加比赛

　　　　B. 大家认为那两位奥地利运动员能取得好成绩

　　　　C. 那两位奥地利运动员明显比别的选手强

　　　　D. B 和 C

5. 他是我认识的最棒的跳舞演员，他能单脚接连旋转几十个圈。

　　问：从这句话可以知道这个演员怎么样？

　　　　A. 只有一只脚

　　　　B. 转一下休息一下可以转几十圈

　　　　C. 没有办法转几十圈

　　　　D. 可以连续转几十圈

6. 我决定不参加男子单打比赛了，以便更好地准备混合双打比赛。

　　问：句子的意思是：

　　　　A. 原来我可能参加两项比赛

　　　　B. 我准备参加单打和混合双打的比赛

　　　　C. 后来我决定只参加混合双打比赛

　　　　D. A 和 C

7. 没想到对手居然这么厉害，我们丝毫没有进攻的机会。

　　问：从这句话可以知道什么？

　　　　A. 我们不想进攻

　　　　B. 我们打得很被动

　　　　C. 对手没有进攻

　　　　D. 我们早就知道对手很厉害

8. 为了认识更多的朋友，我一上大学就参加了几个学生团体。

　　问：从这句话可以知道什么？

　　　　A. 参加团体可以多认识人

　　　　B. 一个人只能参加一个团体

　　　　C. 团体只有大学才有

　　　　D. 我认识的人都在一个团体里

9. 那孩子把球扔到墙上，结果球弹回来时打伤了他的眼睛。

　　问：从这句话可以知道什么？

　　　　A. 有人用球扔孩子的眼睛

B. 孩子用球扔别人的眼睛

C. 孩子玩儿球的时候自己伤到了眼睛

D. 以上答案都不对

10. 接连赢了两局后，他的拍子坏了，换了拍子后他不太适应，结果 2：3 输了。

问：下面哪句话与原句的意思不符？

A. 后面三局他都输了

B. 他们一共打了 5 局

C. 新拍子他还没用惯

D. 他的拍子不好

三、听对话，选择正确答案：

1. 甲：你打得太被动了，缩手缩脚的。

乙：教练，我知道了。下一局我一定放开手脚，加强进攻。

问：从对话中可以知道什么？

A. 上一局他常常进攻

B. 上一局他赢了

C. 下一局他会更多地进攻

D. 下一局他会缩手缩脚

2. 甲：小王终于拿到冠军了。

乙：这女孩儿训练非常顽强，一点儿也不知道累，从来不知道休息。

问：第二个人的意思是什么？

A. 坚持顽强的训练使小王得到冠军

B. 小王一边玩儿一边训练

C. 小王累了就常常休息

D. 小王不知道训练时可以休息

3. 甲：小强，昨天你参加的是什么比赛呀？

乙：是一个大公司和网球协会联合举办的全市业余网球赛。参加的选手水平都很高。

甲：你打什么项目？

乙：混合双打和男子单打。昨天是混双。我的对手之一是以前的全国亚军，想不到吧！

甲：哟！对手优势这么明显，你没有被吓坏吧？

乙：那倒没有。不过开始时有点儿缩手缩脚，不太敢打，而且对手的旋转球非常厉害，所以第一局很快就输了。

甲：那第二局呢？

乙：休息时，我跟同伴说，不能再这么被动了。所以一上场我们就加强了进攻，打的节奏也很快，我的拍子都打坏了。

甲：对手有什么反应？

乙：显然没有适应，我们接连得分，很快拿下了第二局。

甲：接下来呢？

乙：当然还是对手的水平高。虽然最后我们没赢，不过我们打得也很顽强。以后有这种比
　　赛我还要参加，以便向高水平的选手学习。

问：
（1）这是一次什么样的比赛？
　　　A．自己组织的比赛
　　　B．全市业余网球赛
　　　C．公司网球赛
　　　D．全国网球赛

（2）小强昨天参加比赛的同伴是个什么人？
　　　A．男的
　　　B．女的
　　　C．全国亚军
　　　D．教练

（3）第一局他们为什么输了？
　　　A．打得缩手缩脚
　　　B．对手很厉害
　　　C．拍子坏了
　　　D．A和B

（4）第二局他们为什么能赢？
　　　A．加强进攻，加快节奏
　　　B．对手拍子坏了
　　　C．对手没有适应他们的新打法
　　　D．A和C

（5）从对话中可以知道哪句话是不正确的？
　　　A．小强他们打得很顽强
　　　B．最后小强他们赢了
　　　C．参加比赛是学习的好机会
　　　D．对方水平比小强他们高

乒乓球奇妙的故事

打乒乓球是一种在世界各地都可以见到的体育运动，可是却没有人知道究竟是谁发明了乒乓球，有一个故事说，英国剑桥大学有两个学生曾经用旧烟盒在桌面上将软木塞打来打去，也许这就是乒乓球运动的开始。

大约在1800年，一位美国体育用品制造商生产了一种名为"室内网球"的体育用品，可是美国人对此不太热心，于是这位制造商把室内网球出口到了伦敦，这种运动在英国很快流行起来。当时人们使用的球是用软木塞或橡胶做的，表面包上一层网以防止它损坏家具。

几年之后，一种像我们今天所使用的空心球发明出来了。后来，一位伦敦人又想到用颗粒形状的橡胶皮包在乒乓球拍子的表面，以便更好地控制球。最早出售这种体育用品的伦敦商人把它称为"乒乓"。"乒"是球拍打球的声音，而"乓"是指球弹在桌面上的声音。

乒乓球运动很快在全世界流行起来。1926年，国际乒乓球联合会成立了，同一年，欧洲乒乓球锦标赛在伦敦举行。在1971年的世界锦标赛中，匈牙利获得男子单打和男子双打的冠军，日本队获得女子团体冠军。但是，其他项目都是中国队获胜。直到现在中国队在所有的国际性乒乓球赛中都处于领先地位。

（根据《英语沙龙》同名文章改写）

一、根据短文内容连线：

1800年 —— 国际乒乓球联合会成立
1926年 —— 生产出了"室内网球"
　　　　　　世界锦标赛
1971年 —— 欧洲乒乓球锦标赛

二、判断句子正误：

1. 大家都知道是两个学生发明了乒乓球。（×）

2. 一个伦敦人生产出了室内网球。（×）

3. 19世纪，美国人对乒乓球并不热心。（√）

4. 在一次世界锦标赛上，匈牙利获得女子团体冠军。（×）

5. 到目前为止，中国乒乓球队的水平世界领先。（√）

三、划出正确答案：

1. 室内网球首先在哪里很快流行起来？　A．美国　　　B．英国

2. 19世纪，人们为什么给球包上一层网？　A．跳得更高　　　B．防止损坏家具

3. 什么时候，我们今天所用的空心球被发明出来了？　A．1805年左右　　　B．1905年左右

4. 颗粒状的橡胶皮包在拍子表面有什么作用？　A．可以把球拍得更高　　　B．可以更好地控制球

5. 乒乓球的"乒"是指什么声音？　　A．球拍打球的声音　　　B．球弹在桌面上的声音

体育新闻：第四十七届巴黎世界乒乓球赛

第四十七届巴黎世界乒乓球锦标赛已经结束。据国际乒联分析，最后一天进行的女双半决赛、决赛以及男单半决赛和决赛，全球有超过 5 亿人观看。

在本届比赛中，中国队获得了男子双打、女子单打、女子双打以及混合双打的冠亚军；但是在男子单打的比赛中，中国队却没有进入决赛。这是中国队在本届世乒赛上惟一没有拿到的冠军。

惟一进入男单四强的中国选手孔令辉以 3：4 败给了奥地利选手施拉格，没有进入决赛。施拉格在进入前四名之后状态非常地好，而孔令辉则有点儿缩手缩脚。施拉格的旋转球让孔令辉很不适应，回球总是下网。前 4 局，施拉格就以 3：1 拿到绝对的优势。第五局，孔令辉和对手的比分打到了 8：8。孔令辉在关键时刻毫不手软，连得 3 分后以 11：8 获胜。孔令辉接连赢了两局，将局分追成 3：3 平。进入决定胜利的最后一局时，经过调整的施拉格又一次用凶猛的进攻压住了孔令辉，处于被动的孔令辉顽强拼搏，双方打成 10：10、11：11，但在最后时刻，孔令辉接连丢了两分，以 11：13 的比分遗憾地失去了进入决赛的资格。

（根据《广州日报》相关新闻改写）

一、回答问题：

1. 这里说的是第几届世界乒乓球锦标赛？　第四十七届
2. 最后一天的比赛全球有多少人观看？　超过 5 亿
3. 在本届比赛中中国队没有拿到什么冠军？　男子单打
4. 施拉格和孔令辉一共打了多少局？　7 局

二、判断句子正误：

1. 本届比赛是在北京举行的。（×）
2. 本届比赛，中国队拿到了四个冠军。（√）
3. 施拉格是匈牙利人。（×）
4. 第四局和第五局孔令辉都赢了。（×）
5. 孔令辉虽然输了这场比赛，但是还是进入了决赛。（×）

三、选择正确答案：

1. 最后一天举行的比赛不包括哪一项？
   A．女双半决赛
   B．男单决赛
   C．女双决赛
   D．混合双打决赛

2. 施拉格以什么样的比分赢了孔令辉？
  A. 4:3
  B. 3:4
  C. 11:8
  D. 3:1

3. 下面哪一项说的不是孔令辉？
  A. 缩手缩脚
  B. 进攻凶猛
  C. 处于被动
  D. 顽强拼搏

4. 下面哪一项说的不是施拉格？
  A. 状态非常好
  B. 进攻凶猛
  C. 打旋转球
  D. 回球总是下网

讨论题：

1. 在你们国家，人们最喜欢的体育运动是什么？请介绍这种体育运动。
2. 你认为体育运动对人们有什么好的影响？

第十二课

新闻两则：人力资源的超级大国、中国吸引外资将名列全球第一

生 词

1. 超级　　　chāojí　（形）超过一般的
2. 秘书　　　mìshū　（名）secretary
3. 加入　　　jiārù　（动）参加进去
4. 当中　　　dāngzhōng　（名）正中；中间
5. 素质　　　sùzhì　（名）事物本来的性质
6. 投资　　　tóuzī　把资金放到企业或生产、经商活动中用
7. 外商　　　wàishāng　（名）外国商人
8. 带动　　　dàidòng　（动）在前面做，使后面的人跟着做
9. 潜力　　　qiánlì　（名）potentiality, latent capacity
10. 外资　　　wàizī　（名）foreign capital
11. 季度　　　jìdù　（名）quarter (of a year)
12. 趋势　　　qūshì　（名）事物发展的方向
13. 机构　　　jīgòu　（名）mechanism, organization
14. 突破　　　tūpò　（动）to break through, to surmount
15. 毫无　　　háowú　一点儿也没有
16. 金额　　　jīn'ér　（名）钱数
17. 一系列　　yíxìliè　a series of
18. 引进　　　yǐnjìn　（动）从外地或外国引入（人才、技术、资金等）
19. 标志　　　biāozhì　（动）表示某种特征
20. 动力　　　dònglì　（动）推动工作、事业等前进和发展的力量
21. 冷静　　　lěngjìng　（形）不着急；不盲目行动

专有名词

1. 新华网　　　　Xīnhuáwǎng　Xinhua Net
2. 莫里斯·斯特朗　Mòlǐsī Sītèlǎng　Maurice Strong
3. 世界贸易组织　　Shìjiè Màoyì Zǔzhī　World Trade Organization (WTO)
4. 国民生产总值　　Guómín Shēngchǎn Zǒngzhí　Gross Domestic Product (GDP)

语法点

1.	副词：**即将**	假期即将结束，新的学期又开始了。
2.	副词：**依照**	依照有关规定，新来的学生必须参加入学考试。

精听部分

一、听句子，填空：

1. 张小姐是我们公司陈经理的<u>秘书</u>。
2. 在这些学生<u>当中</u>，他是最努力的一个。
3. 人的身体<u>素质</u>好，有病也会好得快一些。
4. <u>依照</u>我们学校图书馆的规定，一次借书的时间为三个月。
5. 在老师的<u>带动</u>下，学生们很快完成了任务。
6. 这种杂志一个<u>季度</u>出一本，一年一共出四本。
7. 从年轻人的服装特点看，今年有流行中国古典服装款式的<u>趋势</u>。
8. 只要<u>突破</u>了语音和汉字的难关，汉语就可以学好。
9. 我不想回答这个问题，因为我对这个问题<u>毫无</u>兴趣。
10. 我弟弟<u>即将</u>动身去匈牙利参加乒乓球比赛。
11. 老师给我们推荐了<u>一系列</u>的课外阅读资料。
12. 这一数字<u>标志</u>着国民生产总值已经达到了一个新的水平。
13. 对中国文化的极大兴趣是田中学习汉语的<u>动力</u>。
14. 碰到危险的情况，首先不要太紧张，要<u>冷静</u>。
15. 现在香港从大陆<u>引进</u>了不少技术人才。

二、听句子，根据要求选择正确答案：

1. 叫总经理的秘书王小姐把这些材料翻译一下。
   问：从句子中我们知道什么？
   A．总经理需要人翻译材料
   B．秘书叫王小姐翻译材料
   C．王小姐是总经理的秘书
   D．A 和 C

2. 参加体育比赛，除了良好的身体素质以外，良好的心理素质也是赢得胜利的重要因素。
   问：赢得胜利的重要因素是什么？
   A．较好的身体素质
   B．较好的心理素质
   C．较好的文化素质
   D．A 和 B

3. 和上个季度相比，这个季度的产量可以说毫无突破。
   问：这个季度的产量怎么样？
   A．和上个季度差不多
   B．比上个季度多得多

C. 超过上个季度的产量

D. 有一点点突破

4. 依照这个中外合资企业的合同规定，外商投资不能超过全部资金的一半。

问：合同规定了什么？

A. 外商投资要占一半

B. 外商投资要超过一半

C. 中方资金只能占一半

D. 中方资金必须超过一半

5. 在所有参加比赛的乒乓球队当中，谁都不能不承认中国队有明显的优势。

问：下面哪句话的意思和原句不符？

A. 大家都认为中国队能取得好成绩

B. 中国队明显比别的队好

C. 中国队不承认比别的队好

D. 大家相信中国队能战胜别的队

6. 加入外资企业后，他的生活有了一系列的变化。

问：下面哪句话的意思和原句不符？

A. 他的生活发生了一个又一个的变化

B. 他的生活变化了，所以他加入了外资企业

C. 以前他不在外资企业工作

D. 新的工作使他的生活变化了

7. 比赛即将开始，请运动员做好比赛的准备。

问：句子的意思是：

A. 比赛已经开始了

B. 运动员已经做好准备了

C. 比赛马上就要开始了

D. A和B

8. 从发展本地生产的趋势来看，我们还需要从外地引进大批这样的机器。

问：从句子中我们可以知道：

A. 为了发展生产我们需要机器

B. 本地没有我们需要的机器

C. 我们需要的机器本地可以生产

D. A和B

9. 要是没有老师们的加入和带动，我们要完成种树任务是完全不可能的。

问：从这句话可以知道什么？

A. 老师和我们一起种树，我们完成了任务

B．我们不可能完成任务

C．老师带着树来教我们种

D．老师们没有参加种树活动

10．他在那个外资企业工作，依照规定，一年里面有半年他得到国外出差。

问：从这句话可以知道什么？

A．他在外国工作

B．他没有工作，所以出国了

C．每年他半年在国内，半年在国外

D．他可以一直在国内工作

三、听对话，选择正确答案：

1．甲：请问，是什么动力使你一边工作一边学习？

乙：什么动力呀！我们公司机构改革，对职工的学历要求高了，不少人都像我这样。

问：他为什么要学习？

A．因为他喜欢读书

B．因为是公司改革的要求

C．因为很多人学，他也学

D．以上答案都不对

2．甲：这个老杨真不像话，我非得找他讲清楚不可！

乙：小李你冷静一下儿，老杨也在气头上，等你们俩都冷静了，坐下来好好儿谈吧，没有什么解决不了的矛盾。

问：从对话中，我们知道什么？

A．小李和老杨之间有矛盾

B．小李和老杨两人都在生气

C．小李和老杨两人很冷静

D．A和B

3．甲：肖莹，听说你伯伯即将从加拿大回来投资办厂，那是算外资企业还是中资企业？

乙：我伯伯几年前加入了加拿大国籍，所以应该算外资企业吧。

甲：听说投资金额挺高的，应该是个挺大的企业吧。你会加入吗？

乙：依照我伯伯的想法，他希望我能做他的秘书，可是我自己有点儿担心。

甲：担什么心哪！你有那么多的优势，又年轻，外语又好，各方面素质都不错，伯伯又是老板。如果你能去当秘书，毫无疑问会很有前途的。

乙：赵强，我可不像你说的那么能干。我伯伯是个要求很高的人。他说他的公司要引进国外先进的管理方法，我担心自己适应不了。

甲：肖莹，自信一点儿行不行？我认为这可是个大好的机会，可以挑战自己，发挥自己的潜力，还可以学到新的管理知识。

乙：那倒也是！

问：

(1) 肖莹可能做的工作是什么?

    A. 老板

    B. 秘书

    C. 翻译

    D. 管理人员

(2) 肖莹的优势不包括下面的哪一项?

    A. 年轻、外语好

    B. 各方面素质不错

    C. 懂先进的管理方法

    D. 伯伯是老板

(3) 肖莹为什么担心?

    A. 自己太年轻

    B. 外语不好

    C. 伯伯要求太高

    D. 伯伯是老板

(4) 赵强认为肖莹自信吗?

    A. 很自信

    B. 一点儿自信也没有

    C. 应该再自信一点儿

    D. 自信过头了

(5) 赵强认为这是个好机会的理由包括哪一项?

    A. 可以挑战自己

    B. 可以发挥自己的潜力

    C. 可以学习新的管理知识

    D. A、B和C

泛听部分

新闻两则：人力资源的超级大国

据新华网今天消息　联合国副秘书长莫里斯·斯特朗昨天在北京说，从人力资源的方面来看，中国是世界上最富有的国家，中国正在成为人力资源的超级大国。

在昨天开幕的2002年国际人力资源会议上，斯特朗说，未来世界各个国家的进步将更大程度地由于人的发展来决定，对于中国来说，拥有丰富的人力资源就是最大的优势。斯特朗还说，中国正在不断地加入到全球经济一体化的过程当中，对外开放以及加入世界贸易组织使中国整个国家的人力素质得到了很大的提高。

依照中国政府的一组统计数字，近几年来，到中国来投资的大型跨国公司越来越多，各种国际贸易往来越来越活跃。到现在为止，世界500强中已有400多家来中国投资，各国跨国公司也已经在中国建立了400多家各类研究中心，外商的投资带动了中国出口的增长，也为中国发挥人力资源优势、提高人力素质创造了机会。

斯特朗表示，他对中国在未来几年提高本国人力素质充满了信心。他说："中国已经意识到，在发展中要充分发挥人的潜力，中国的人力资源将会成为中国迎接未来挑战的决定性因素，我相信在这方面中国会成功"。

（根据《广州日报》相关新闻改写）

一、回答问题：

1. 莫里斯·斯特朗是做什么的？联合国副秘书长
2. 从哪方面看，中国是世界上最富有的国家？人力资源的方面
3. 中国最大的优势是什么？拥有丰富的人力资源
4. 中国正不断地加入到什么过程当中？全球经济一体化
5. 目前，有多少家大型跨国公司来中国投资？400多家

二、判断句子正误：

1. 中国早已是人力资源的超级大国。（×）
2. 2002年国际人力资源会议是在北京开的。（√）
3. 短文中的统计数字来自联合国办公室。（×）
4. 跨国公司在中国建立了400多家研究中心。（√）
5. 莫里斯·斯特朗相信中国在发展人力资源方面会成功。（√）

三、选择正确答案：

1. 未来世界各个国家的进步将由什么决定？
   A. 高额资金
   B. 人力资源的发展
   C. 对外开放
   D. 加入世界贸易组织

2. 什么使中国的人力素质得到很大的提高？
   A. 加入全球经济一体化
   B. 对外开放
   C. 加入世界贸易组织
   D. A、B 和 C

3. 从统计数字中可以知道什么？
   A. 中国到外国投资的公司越来越多
   B. 在中国各种国际贸易往来越来越活跃
   C. 世界 600 强中有 500 多家到中国投资
   D. 法国公司在中国建立了 400 多个研究中心

4. 外商投资的好处短文中没有提到的是哪一项？
   A. 使中国利用和开发丰富的人力资源
   B. 带动了中国出口的增长
   C. 为中国发挥人力资源优势创造机会
   D. 为中国提高人力素质创造机会

中国吸引外资将名列全球第一

据新华社 12 月 7 日电　最新的统计资料显示，进入 2002 年第四季度后，外资进入我国依然保持着很强的增长趋势。政府部门有关人士和联合国有关机构估计，今年我国利用外资突破 500 亿美元已经成为毫无疑问的事情，我国即将成为全球吸引外资的第一大国。

2002 年外资进入中国的速度之快、规模之大也格外"显眼"：1 月至 10 月，我国新批准成立的外商投资企业有 27630 家，同去年比较增长了 34%；合同外商投资金额近 750 亿美元；实际外商投资金额 447 亿美元。这一系列的数字带来的结论是，我国不仅将连续 10 年在吸引外资方面位居发展中国家第一位，而且连续多年引进外资速度不快、规模不大的情况将会有所改变，因此我国引进外资方面将创下标志性的新高。更为重要的是，对于积极寻找增长动力的国民生产总值来说，吸引到这些外资毫无疑问具有非常重要的意义。

未来几年我国吸引外资是否能够仍然保持很快的增长速度？对此，对外经济贸易部工作人员和经济专家们经过冷静观察，普遍表现出较为乐观的态度。一些专家估计，今后 2 至 3 年中，我国吸引外资仍然可能保持 5% 至 10% 左右的增长幅度。

（根据《广州日报》相关新闻改写）

一、回答问题：

1. 中国利用外资将突破多少美元？ 500亿

2. 1月到10月，中国新批准成立的外商投资企业比去年增长了多少？ 34%

3. 中国连续多少年在吸引外资方面位居发展中国家第一位？ 10年

4. 专家估计，未来2到3年中，中国吸引外资可能保持多少的增长幅度？ 5% 至 10% 左右

二、判断句子正误：

1. 中国早已成为全球吸引外资第一大国。（×）

2. 2002年外资进入中国速度很快、规模很大。（√）

3. 吸引外资的意义并不重要。（×）

4. 有关专家认为未来几年中国吸引外资可以保持很快的增长速度。（√）

三、选择正确答案：

1. 27630这个数字指的是什么？
    A. 几年来中国的外商投资企业
    B. 中国新批准成立的外商投资企业
    C. 外商投资的金额
    D. 外商2002年投资的金额

124

2. 外商实际投资金额与合同投资金额相比情况怎么样？
    A. 多750亿美元
    B. 多447亿美元
    C. 少303亿美元
    D. 少447亿美元

3. 外资在中国投资等一系列数字表明了：
    A. 中国改变了引进外资速度不快的情况
    B. 中国改变了引进外资规模不大的情况
    C. 中国已经成为了全球吸引外资第一大国
    D. A和B

4. 关于未来几年中国吸引外资的发展趋势，专家的态度是什么？
    A. 有点儿怀疑
    B. 认为变化会不大
    C. 比较乐观
    D. 短文中没有提到

讨论题：

1. 你们国家人口多吗？你认为人口多带来的好处多还是坏处多？

2. 外商将大量资金投到中国，对外商本国经济有哪些好的和不好的影响？

第十三课

一个苹果的爱情、买东西的毛病

生 词

1. 削　　　xiāo（动）用刀去掉物体的皮儿
2. 水分　　shuǐfèn（名）物体内部含有的水
3. 足　　　zú（形）充足；足够
4. 开水　　kāishuǐ（名）烧到100℃的水
5. 借口　　jièkǒu（名）以某事为理由（非真正的理由）
6. 煤气灶　méiqìzào（名）gas stove
7. 过瘾　　guòyǐn（形）满足某种爱好
8. 夜晚　　yèwǎn（名）夜里；晚上
9. 特地　　tèdì（副）专门为某件事
10. 彼此　　bǐcǐ（代）这个和那个；双方
11. 老婆　　lǎopo（名）口语中称夫妻中的女方；妻子
12. 专　　　zhuān（形）集中在某一件事上的
13. 电饭锅　diànfànguō（名）做饭的电器
14. 皱　　　zhòu（动）to wrinkle
15. 眉头　　méitóu（名）两条眉毛之间及附近的地方
16. 大众　　dàzhòng（形）大多数人，专指普通老百姓
17. 销路　　xiāolù（名）商品卖出的情况
18. 电器　　diànqì（名）用电的机器
19. 串门　　chuànmén（动）到别人家去闲坐聊天儿
20. 赶忙　　gǎnmáng（副）连忙
21. 耗　　　hào（动）花掉；用去
22. 量　　　liàng（名）数量
23. 罢休　　bàxiū（动）停止
24. 不解　　bùjiě　　不可理解，不明白

专有名词

1. 强　　Qiáng　人名
2. 燕　　Yàn　人名

语法点

1. 副词：顺手　　　出去的时候记住顺手把门关上。

精听部分

一、 听句子，填空：

1. 你把苹果<u>削</u>好，洗干净，客人马上就到了。
2. 这种梨<u>水分</u>特别多，一咬满口水。
3. 我不喜欢喝饮料，只喜欢喝<u>开水</u>。
4. 他<u>借口</u>生病不来上班，实际上他看足球比赛去了。
5. 小张去交作业的时候<u>顺手</u>帮我把作业本也交给了老师。
6. 整个<u>夜晚</u>他都在赶写一篇作文，凌晨过了才睡觉。
7. 他来上海没有别的事，是<u>特地</u>来看望女朋友的。
8. 来，让我们<u>彼此</u>认识一下吧！
9. 别人买鸡蛋都挑大的，他怎么<u>专</u>挑小的买。
10. 你好好儿看看说明书吧，这洗衣机的<u>功能</u>上面都有介绍。
11. 小丽，这几天你怎么总是<u>皱</u>着眉头，肯定有什么心事。
12. 家用<u>电器</u>给人们的生活带来了很多方便。
13. 周末我喜欢到朋友家<u>串门</u>或上街逛逛。
14. 听到女儿的哭声，妈妈<u>赶忙</u>跑了过来。
15. 这种冰箱太<u>耗</u>电了，买了以后我的电费也多了很多。

二、 听句子，根据要求选择正确答案：

1. 这种瓜水分特别足，吃了很解渴。
   问：这种瓜怎么样？
   　　A．水分不太足
   　　B．水分很多
   　　C．吃了不解渴
   　　D．吃了会很渴

2. 王星借口生病不去上班，其实他跑到电器商店买电器去了。
   问：从这句话可以知道什么？
   　　A．王星没上班因为病了
   　　B．虽然病了，王星还是跑去买电器了
   　　C．王星的工作是卖电器
   　　D．王星说自己病了是因为想买电器

3. 一听说老婆的同学要来家里串门，赵刚赶忙出去买菜。
   问：从这句话可以知道什么？
   　　A．赵刚的老同学要来帮他装门
   　　B．赵刚的老同学要来看他

C. 赵刚妻子的同学要来他们家玩儿

D. 赵刚很忙，所以打算请客人出去吃饭

4. 小玲，往常我来这儿是出差，这次可是特地来看你的。

问：说话人的意思是什么？

A. 以前很少来这里看小玲

B. 这次来这里是为了工作

C. 这次来这里是因为工作上特别的事

D. 这次来是专门为了看小玲

5. 你去厨房拿饮料的时候，顺手帮我倒一杯开水。

问：这句话没有提到的事情是什么？

A. 去厨房

B. 拿饮料

C. 洗手

D. 倒开水

6. 这种洗衣机不太耗电，但耗水量太大，所以销路不太好。

问：这种洗衣机怎么样？

A. 要用很多电

B. 要用很多水

C. 卖得不太好

D. B和C

7. 那是个专卖电器的商店，各种牌子都有，你可以去那儿买电饭锅。

问：这个商店卖什么？

A. 只卖电器

B. 只卖一种牌子的电器

C. 只卖电饭锅

D. 除了电器，还卖别的

8. 这个牌子的家具又结实又漂亮，价钱大众也能接受，所以买的人很多。

问：下面哪一项不是这种家具的特点？

A. 不容易坏

B. 销路好

C. 好看

D. 比较贵

9. 她往常总是高高兴兴的，最近怎么老皱着眉头？

问：从这句话可以知道什么？

A. 她以前总是很高兴的样子

B. 她最近心情可能不太好
C. 她以前常常烦恼
D. A 和 B

10. 通过整一个夜晚的谈话，我们彼此加深了了解。

    问：句子的意思是：

        A. 他们互相之间有了更多的了解
        B. 他们聊了一个晚上
        C. 他们互相之间不太了解
        D. A 和 B

三、听对话，选择正确答案：

1. 甲：妈，我们给你买的电冰箱好用吗？

    乙：好用，功能挺齐全的，耗电量也不大，现在我跟你爸爸一个星期都可以不买菜了。

    问：妈妈觉得电冰箱怎么样？

        A. 功能齐全
        B. 耗电量不大
        C. 可以保存很多蔬菜
        D. A、B 和 C

2. 甲：经理，陈秘书打电话请假，说老婆病了。

    乙：哼！他可真会找借口。

    问：从对话中可以知道什么？

        A. 陈秘书病了
        B. 陈秘书的丈夫病了
        C. 经理认为那是个借口
        D. 经理病了要请假

3. 甲：哟！这不是小玲吗？

    乙：王大爷，您好！

    甲：小玲，怎么皱着个眉头啊！往常见你可都是开开心心的。

    乙：王大爷，今天我特别倒霉，做什么事都不顺心。

    甲：瞧你，年纪轻轻，哪儿来这么多不顺心的。

    乙：我给您说说吧！前天我给我妈买了个电饭锅，可她不喜欢，说是样子不好看，还说这个牌子的电饭锅耗电量特别大，一定要我换一个别的牌子的。

    甲：换就换呗！

    乙：对呀！今天我找了个借口没去上班，特地去换锅。您猜怎么着？才两天，那个电器店就关门了。说是老板出国了。

    甲：哟！那可怎么办哪？

    乙：我只好到别的电器店又买了一个。这不，我提着两个呢！我妈又得说我了。

    甲：嗨！你把今天买的给你妈妈，另一个送人不就得了！

乙：好主意！我就这么办。谢谢王大爷！

甲：谢什么！来来来，我帮你提一个。

乙：王大爷，不用，我提得动！

甲：楼上楼下的，客气什么呀！顺手帮个忙。我还可以顺便去你家串串门呢！

乙：那谢谢您哪！

问：

(1) 王大爷和小玲是什么关系？

    A．爷爷和孙女

    B．老板和售货员

    C．邻居

    D．老大爷和大学生

(2) 和以前相比，今天小玲有什么不同？

    A．很有礼貌

    B．很开心

    C．很烦恼

    D．A和B

(3) 妈妈为什么不喜欢小玲买的锅？

    A．样子不好看耗电量又大

    B．耗电量不大但不好看

    C．样子好看但牌子不好

    D．样子好看但耗电量大

(4) 小玲今天本来应该做什么？

    A．借锅

    B．上班

    C．换锅

    D．上学

(5) 从对话中可以知道王大爷等会儿会做什么？

    A．上楼下楼锻炼身体

    B．洗手

    C．去小玲家聊聊天儿

    D．帮小玲把锅送回商店

一个苹果的爱情

强和燕坐在沙发上看电视，天气很干燥，燕觉得口渴，想吃苹果。她进厨房削苹果的时候，顺便问强：吃苹果不？强点了一下头。

过了一会儿，燕将一个削好的苹果递给强，便坐了下来。强咬了一口，水分很足，味道很甜。他问燕，你怎么不吃呢？燕笑着说，你吃吧，我想喝开水，正在烧呢。强觉得有些奇怪：她挺爱吃苹果的，今天怎么啦。

强放下苹果，找了个借口到厨房去了。壶搁在煤气灶上，水已经开了。他往水果篮里看了一眼，空空的。他明白了，家里只剩一个苹果了。他倒了满满一杯水，走出了厨房。

他坐下来，顺手将苹果递给燕，说，你知道，我不爱吃苹果，太甜，不解渴，还是你吃吧！他拍了拍手中的杯子说，还是喝水过瘾。

燕心里明白，强不是不爱吃，而是想让给她吃。燕知道自己说不过丈夫，便将苹果切开了，说，这个苹果太大了，我吃不了，还是一人一半吧。

就这样，惟一的一个苹果，在一个很平常的夜晚，被两个相爱而平凡的人，吃出了一份特殊的温暖和特别的香甜。

真爱就这么简单，不需要特地做什么，只需将一个苹果轻轻切开，彼此就明白。

（根据《广州日报》同名小说改写）

131

一、根据内容回答问题：

1．看电视的时候，燕进厨房去做什么？削苹果

2．燕问强吃不吃苹果时，强是怎么回答的？点了一下头

3．强咬了一口苹果，觉得苹果怎么样？水分很足，味道很甜

4．厨房里的开水是谁烧的？燕

5．最后谁吃了那个苹果？一人一半（两个人分着吃）

二、根据要求选择正确答案：

1．燕为什么不吃苹果？

　　A．她想喝开水

　　B．她不爱吃苹果

　　C．只有一个苹果了，她想给爱人吃

　　D．喝了水，不渴了

2．强为什么要去厨房？

　　A．拿苹果

　　B．借东西

C. 烧开水

D. 想知道为什么太太不吃苹果

3. 强去厨房时，水果篮里有什么？

A. 很多苹果

B. 一个苹果

C. 什么也没有

D. 一杯水

4. 强为什么又不吃苹果了？

A. 不爱吃

B. 太甜，不解渴

C. 喝水过瘾

D. 想让给太太吃

5. 燕为什么要把苹果切开？

A. 她太饱了，吃不下

B. 只有这样，强才会吃

C. 苹果实在太大了

D. 强叫她切的

三、 仔细听短文的最后两段，划出正确的词：

就这样，_____（仅有、惟一）的一个苹果，在一个很_____（平常、平凡）的_____（晚上、夜晚），被两个_____（相爱、相信）而_____（平凡、平常）的人，吃出了一份_____（特别、特殊）的_____（温和、温暖）和_____（特别、特殊）的_____（香甜、香味）。

_____（真爱、正爱）就这么_____（简易、简单），不需要_____（特别、特地）做什么，只需将一个苹果轻轻切开，_____（彼此、因此）就_____（明白、明显）。

买东西的毛病

我买东西喜欢便宜货，省钱。老婆认为这是我的毛病。可老婆则正好相反，买东西专挑贵的买，我也认为那是她的毛病。她常说，便宜没好货。

电饭锅坏了，我去买回来一个，80元，比旧电饭锅便宜20多块钱。

老婆看了看电饭锅说："不错，不错，挺漂亮，功能也挺齐全的。多少钱？"我把价钱告诉了她，她一听就皱着眉头说："是处理品吧？"我说不是，把商品说明书拿给她看，是一等品。

"怎么这么便宜？"我告诉她，商场的小姐说，这是个新厂，不是名牌，只好定个大众容易接受的价钱，好打开销路。老婆说："你信她的？她骗你的。"

过了两天，修电器的王师傅来我们家串门，老婆一见王师傅，赶忙把那个电饭锅拿来，说："王师傅，你给瞧瞧这电饭锅，看看有没有什么毛病，质量怎么样？"王师傅仔细看了看，说："质量很好嘛。"

"会不会耗电量大？"王师傅拿来工具，让她装上水测试，试过之后说："没问题，质量很好。"老婆找了半天，什么毛病也没有找出来，于是她觉得很奇怪："往常你买的东西我总能挑出点儿毛病，这次怎么会没有毛病呢？"她那找不出毛病来便不肯罢休的样子，让我哭笑不得，我说："是啊，怎么会没有毛病？当然有。"老婆一脸的不解："怎么？你知道它的毛病？"

我说："当然知道！便宜没好货嘛，它的毛病就是便宜。"

(根据《广州日报》同名小说改写)

一、根据内容回答问题：

1. 我喜欢买价钱怎么样的东西？ 便宜的
2. 我老婆喜欢买价钱怎么样的东西？ 贵的
3. 新电饭锅多少钱？ 80元
4. 新电饭锅看上去怎么样？ 很漂亮、功能很齐全
5. 王师傅是做什么的？ 修电器的

二、根据要求选择正确答案：

1. 我老婆为什么皱眉头？
   A. 头痛
   B. 电饭锅是处理品
   C. 怀疑电饭锅质量不好
   D. 电饭锅太贵了

2. 旧电饭锅多少钱？
   A. 100多块
   B. 60多块
   C. 100块
   D. 60块

3. 电饭锅价钱便宜的理由不包括哪一条？
   A. 这是个新厂
   B. 不是名牌
   C. 价钱便宜好卖
   D. 销路很好，所以便宜

4. 王师傅为什么来我们家？
   A. 来看看我们，聊聊天儿
   B. 修电器
   C. 送电饭锅
   D. 检查电饭锅的质量

5. 王师傅检查了电饭锅以后，认为新买的电饭锅：
   A. 质量很好
   B. 不费电
   C. 没有毛病
   D. A、B和C

三、仔细听短文的最后两个部分，划出正确的词：

老婆找了_____（八天、半天），什么毛病也没有找出来，_____（于是、因此）她觉得很奇怪："_____（平常、往常）你买的东西我总能_____（找、挑）出点儿毛病，这次怎么会没有毛病呢？"她那找不出毛病来_____（便、就）不肯_____（休息、罢休）的样子，让我_____（又哭又笑、哭笑不得），我说："是啊，怎么会没有毛病？_____（当然、应当）有。"老婆_____（一连、一脸）的_____（不解、不接）："_____（怎么、什么）？你知道它的毛病？"

我说："_____（当然、应当）知道！_____（好货不便宜、便宜没好货）嘛，它的毛病就是便宜。"

讨论题：

1. 你觉得什么是真正的爱？怎么才能看出来？
2. 你认为价钱贵就代表质量好吗？请说出理由。

第十四课

笑一笑、幽默两则

生 词

1. 透露　　tòulù（动）to tell secretly
2. 人生　　rénshēng（名）life
3. 勇气　　yǒngqì（名）不怕困难和危险的精神
4. 挫折　　cuòzhé（名）失败
5. 软弱　　ruǎnruò（形）指性格不够坚强
6. 战胜　　zhànshèng（动）在战争中或者比赛中取得胜利
7. 人情　　rénqíng（名）人普通的感情
8. 减轻　　jiǎnqīng（动）减少重量或程度
9. 心态　　xīntài（名）心理状态

10. 宁静　　níngjìng（形）（环境、心情）安静
11. 俗话　　súhuà（名）common saying
12. 调动　　diàodòng（动）改变、移动
13. 急躁　　jízào（形）遇到不高兴的事情马上就很激动
14. 思考　　sīkǎo（名、动）进行比较深刻的思维活动
15. 伴随　　bànsuí（动、介）跟着；跟……同时发生
16. 幽默　　yōumò（形）humourous
17. 心眼儿　　xīnyǎnr（名）心；心里
18. 清晨　　qīngchén（名）早晨；太阳出来前后的一段时间
19. 眼神儿　　yǎnshénr（名）眼睛里显示出来的神情态度
20. 记忆力　　jìyìlì（名）记忆的能力
21. 恩爱　　ēn'ài（形）夫妻之间的亲热
22. 夫妇　　fūfù（名）丈夫和妻子
23. 老伴儿　　lǎobànr（名）结婚的对象（用于老年人）
24. 豆浆　　dòujiāng（名）soya-bean milk
25. 要不然　　yàobùrán（连）如果不是这样（提出跟上文情况相反或不同的另一种可能）
26. 老头儿　　lǎotóur（名）老年男子
27. 出门　　chūmén（动）外出
28. 纯　　chún（形）pure, unmixed
29. 馅儿　　xiànr（名）包子、饺子等点心里包的东西

专有名词

1. 王晓棠	Wáng Xiǎotáng	人名
2.《艺术人生》	《Yìshù Rénshēng》	电视节目名称
3. 王小强	Wáng Xiǎoqiáng	人名
4. 陈刚	Chén Gāng	人名

语法点

1. 固定格式：动词1＋又＋动词2，动词2＋又＋动词1

   昨晚我们唱了又跳，跳了又唱，高兴极了。

2. 副词：不妨　　这些工作也不是一两天就做得完的，你不妨休息一下再接着做。

精听部分

一、听句子，填空：

1. 这件事是你我的秘密，千万不能<u>透露</u>给别人。
2. 有什么要求你<u>不妨</u>直接跟他说。
3. 第一次到台上讲话，她紧张得连开口的<u>勇气</u>都没有。
4. 刚开始工作，碰到<u>挫折</u>和困难是难免的，你慢慢就会有经验的。
5. 张玲是一个比较<u>软弱</u>的人，很怕事，所以很少跟人发生矛盾。
6. 最近我天天去跑步，体重<u>减轻</u>了四公斤。
7. 晚上公园里没有什么人，十分<u>宁静</u>。
8. 中国有句<u>俗话</u>：饭后百步走，活到九十九，它说明了运动对身体健康的重要。
9. 碰到解决不了的问题，我们应该多<u>思考</u>，才能找到最好的处理办法。
10. 老张这个人心眼儿特别好，你有什么困难找他帮忙，只要能办到，他都会帮你。
11. <u>清晨</u>的空气特别好，很多人都到公园去锻炼。
12. 年轻人的<u>记忆力</u>特别好，学过的东西一下就记住了。
13. 你快回家吧！<u>要不然</u>妈妈会担心的。
14. 小刘说话很<u>幽默</u>，只要他在，大家就笑个没完。
15. 这孩子，吃饺子怎么能光吃<u>馅儿</u>不吃皮呢？

二、听句子，根据要求选择正确答案：

1. 王小燕实在太软弱了，男朋友提出分手，她连问一句为什么的勇气都没有。

   问：关于王小燕，哪一项是不正确的？
      A. 不知道男朋友要分手的原因
      B. 不敢问男朋友为什么要分手
      C. 身体不好，所以男朋友要跟她分手
      D. 是个不够勇敢的女孩子

2. 碰到挫折不要着急，不要放弃，只要坚持，就能够战胜它们。

   问：句子的意思是什么？
      A. 失败是可以战胜的
      B. 哪怕是暂时的失败，也要赶紧放弃
      C. 遇到挫折就应该着急
      D. 坚持就会碰到挫折

3. 那个护士心眼儿特别好，你不妨去跟她说说，看她能不能帮助你。

   问：句子的意思是什么？
      A. 那个护士是个好心人，可以请她帮忙
      B. 那个护士是个好心人，可是请她帮忙不太方便

C. 那个护士的眼睛很好，常常帮助别人

D. 那个护士很好，方便的话可以请她帮你说说话

4. 俗话说："三思而后行"，意思是在做一件重要的事情之前，应该好好儿思考。

问：句子的意思是，做事情之前：

A. 要想三遍

B. 要好好儿考虑再决定做与不做

C. 不用想太多

D. 以上答案都不对

5. 小赵，我调动工作的事情，请暂时不要往外透露。

问：说话人的意思是什么？

A. 不想别人知道他改变工作的事

B. 不想调到外面工作

C. 可以偷偷地告诉小赵

D. 请小赵告诉别人

6. 每天清晨，王老先生总是要喝热豆浆，他老伴儿呢？喝牛奶。

问：从这句话可以知道什么？

A. 早上很热，所以王先生喝豆浆

B. 老王夫妇早上都要喝豆浆和牛奶

C. 早上王太太总是喝牛奶

D. 早上王先生总是喝牛奶

7. 那孩子因为去年的交通事故失去了记忆力，要不然也该上大学了。

问：下面哪句话与原句的意思不符？

A. 现在孩子没有上大学

B. 因为事故孩子不能上大学了

C. 孩子去年上大学了

D. 没有发生事故，孩子应该是大学生了

8. 在世界上，有各种各样的人，人情也很复杂，各人有不同的爱好，脾气也各不相同，所以我们应该学会与不同的人相处。

问：句子的意思是：

A. 人情复杂，我们应该少跟人来往

B. 我们应该跟别人有一样的爱好

C. 人情复杂，我们要学会与人相处

D. A 和 B

9. 老王是个幽默的老头儿，跟他聊天儿非把你笑死不可。

问：下面哪句话与原句的意思不符？

A．老王是个有趣的老人
B．老王常常让别人觉得开心
C．老王说的话非常有意思
D．老王不喜欢笑

10．我太太工作以后，我的经济压力一下子减轻了很多。
  问：这句话的意思是什么？
    A．太太一直不想工作
    B．他的经济压力突然没有了
    C．两个人工作，多了很多负担
    D．两个人工作，他的负担没有以前重了

三、听对话，选择正确答案：

1．甲：妈妈，为什么王奶奶和赵爷爷每次出门都是手拉手啊？
  乙：这对老夫妇啊，特别恩爱，做什么都在一起。
  问：妈妈的回答是什么意思？
    A．因为他们很爱对方
    B．因为他们是夫妻
    C．因为他们和别人不一样
    D．因为他们太老了

2．甲：赵师傅，来一斤纯肉馅儿的饺子。
  乙：纯肉馅儿的没了。要不然试试菜肉馅儿的，也挺好吃的。
  问：从对话中可以知道什么？
    A．赵师傅想买饺子
    B．纯肉馅儿的不好吃
    C．赵师傅建议顾客买菜肉馅儿的
    D．菜肉馅儿的也没了

3．甲：王强，你还知道回家呀？
  乙：对不起啊，老伴儿！回来晚了。
  甲：你记忆力不坏吧！出门的时候你说什么来着？
  乙：记得记得，一下班就回家嘛！可是刚下班，陈秘书就拉住我，要我帮忙。老板要他明
    天交报告，那么多材料他说一个人应付不了。我们写了又改，改了又写，不知不觉就
    晚了。
  甲：难怪别人都说你心眼儿好，谁叫你都帮！我看你是软弱，没有拒绝别人的勇气。
  乙：老伴儿，别生气了！你也知道，公司里人情啊、关系啊都挺重要的。你知道吗？听说
    公司最近正在进行人员调动，我可不想离开现在这个办公室。
  甲：那陈秘书有没有向你透露点儿什么？
  乙：对呀！我不妨问问他。老伴儿，多谢提醒。来，不说工作了。吃什么呀？
  甲：还好意思问！饺子，纯肉馅儿的，特地为你做的。你忘了今天什么日子？

乙：哎呀！看来我的记忆力真的不行了。谢谢老伴儿，每年都记得我的生日。

问：
(1) 王强的老伴儿为什么生气？
    A．王强忘了回家的路
    B．王强回家晚了
    C．王强太软弱
    D．王强被调走了

(2) 王强刚下班时碰到什么事情了？
    A．陈秘书叫他帮忙
    B．老板叫他写报告
    C．老板叫他买材料
    D．陈秘书要交报告给他

(3) 为什么老伴儿说王强软弱？
    A．他身体不好
    B．他心眼儿好
    C．谁叫他都帮
    D．没有勇气拒绝别人

(4) 王强打算问陈秘书什么？
    A．交报告的事
    B．帮忙的事
    C．公司人员调动的事
    D．吃饭的事

(5) 老伴儿为什么专门给王强做纯肉馅儿饺子？
    A．王强记忆力不太好
    B．这天是王强的生日
    C．下班晚了
    D．这天是老太太的生日

笑 一 笑

　　电影艺术家王晓棠在中央电视台《艺术人生》节目中向观众透露了自己的一个小秘密：遇到问题，特别是不开心的问题时，不妨先坐下来，对自己笑一笑。

　　这是王晓棠的人生经验之谈，说得非常好。

　　笑一笑，是一种成熟，能笑表明对事情、对自己能从比较客观的角度看，另一方面还表现了自己敢于面对问题的勇气。

　　笑一笑，是一种自信。自信产生坚强。困难和挫折绝对不会可怜一个软弱的人，战胜它们的决心和办法，往往来自笑一笑，而不会来自哭一哭。

　　笑一笑，是一种放松，笑能让自己平静下来。世界多变，人情复杂，如果什么都在乎，什么都太认真，心理压力太大，身体怎么受得了？笑一笑，可以减轻心中的压力，让自己的心态恢复宁静。

　　笑一笑，是一种力量。俗话说，笑是力量的兄弟。因为笑，能调动自己以及周围更多的积极因素。笑，心中就有希望，身上就会有力量。

　　笑一笑，还能让自己冷静下来，对自己的行为进行检查。一般说来，处理问题应该冷静，不能急躁。笑一笑，可以使人平静地思考问题，避免冲动，更有利于问题的解决。

　　俗话说，笑比哭好。笑一笑，对自己、对别人、对社会、对事情，都有好处。所以，我们为什么不笑对人生，让笑伴随自己的人生之路呢？

（根据《读者》同名文章改写）

一、根据内容回答问题：

　　1. 王晓棠是做什么的？电影艺术家

　　2.《艺术人生》是哪个电视台的节目？中央电视台

　　3. 王晓棠说，遇到不开心的问题时，应该怎么办？坐下来，对自己笑一笑

　　4. 如果心理压力太大，身体会怎么样？受不了

二、判断句子正误：

　　1. 王晓棠的经验是，遇到问题时，不要坐下来，要笑一笑。（×）

　　2. 笑表明有勇气面对困难。（√）

　　3. 战胜困难的决心来自笑和哭。（×）

　　4. 笑一笑可以使人平静地思考问题。（√）

三、选择正确答案：

　　1."笑一笑"能代表什么？

　　　　A. 成熟、自信

　　　　B. 放松、力量

C．思考、解决

D．A 和 B

2．造成现代人心理压力太大的原因不包括哪一个？

A．世界多变

B．人情复杂

C．什么都不在乎

D．什么都太认真

3．碰到问题时应该怎么样处理？

A．冷静

B．着急

C．认真

D．冲动

4．短文中提到了什么俗话？

A．笑是力量的兄弟

B．处理问题应该冷静

C．笑比哭好

D．A 和 C

幽默两则

一、一词之师

王小强上语文补习课，老师要求每人写一篇小文章，他坐在桌前，写了又擦，擦了又写，最终还是什么也写不出来。他的同学陈刚看到了问他："哟！看你愁得，什么事啊？"

"老师要求我们写一篇文章，题目叫作《昨天我干了什么》。"

"那你干了什么呢？"

"我去喝酒了，还喝醉了，可我总不能这样告诉老师吧。"

"你也太死心眼儿了，改一个词不就行啦——只要遇上'喝酒'这个词，你都改成'读书'。就这样写，应付一下儿，一定没问题。"

王小强立刻就明白了，不一会儿就把文章写好了。他这样写道：

"清晨我一起床就读了半本书，想了想，干脆把剩下的半本也读了。可是，我还想读，于是又去买了一本。回来的路上，我遇上了陈刚。我一瞧他的眼神儿，就知道他也读了不少书。"

一、根据内容回答问题：

1．王小强为什么发愁？ 写不出文章

2．老师出的作文题目是什么？ 《昨天我干了什么》

3．昨天王小强做什么了？ 喝酒

4. 昨天陈刚做什么了？喝酒

二、听后填空，看看王小强昨天真正做了什么事：

　　　清晨我一_____（起床）就_____（喝）了半_____（瓶）_____
（酒），想了想，干脆把剩下的半_____（瓶）也_____（喝）了。可是，我还想
_____（喝），于是又去买了一_____（瓶）。回来的路上，我遇上了陈刚。我一瞧
他的眼神儿，就知道他也_____（喝）了不少_____（酒）。

二、记忆力

　　王大爷和王大妈是一对恩爱的老年夫妇。

　　一天早晨，王大妈对王大爷说："我有点儿饿了，我想在床上吃早饭。"

　　王大爷笑着问老伴儿："你想吃什么呢？"

　　王大妈说："我想吃豆浆和油条。"

　　"好吧，我这就出去买。"王大爷答应了。

　　"等一下，老头子。"王大妈又说，"记住我的豆浆要放盐，不要放糖，你肯定记住了吗？要不然你就写在纸上吧，你这老头儿的记忆力靠不住。"

　　"放心吧，我记住了。"王大爷肯定地说。

　　王大爷刚出门，又听到了王大妈大声说："我还要两个桃儿。"

　　过了大约一刻钟，王大爷回来了，把一个热呼呼的大包子递给了王大妈，王大妈咬了一口，然后皱起眉头说道："老头子，这是纯肉馅儿的，你又忘了我最爱吃的是白菜肉馅儿的。"

143

一、判断句子正误：

1. 王大妈想在床上吃早饭。（ ✓ ）

2. 王大妈叫王大爷记住她的豆浆要放糖。（ × ）

3. 大约过了15分钟，王大爷回来了。（ ✓ ）

4. 王大妈最爱吃纯白菜馅儿的饺子。（ × ）

二、选择正确答案：

1. 王大妈想吃什么？

　　A．豆浆和油条

　　B．包子和桃儿

　　C．白菜和油条

　　D．豆浆和包子

2. 王大爷买回来的是什么？

　　A．豆浆

　　B．油条

　　C．桃儿

　　D．包子

3. 王大妈为什么皱眉头？
    A．王大爷忘了买豆浆
    B．王大爷忘了买桃儿
    C．王大爷买的是纯肉馅儿包子
    D．王大爷忘了给她的豆浆放盐

4. 从短文中可以知道什么？
    A．王大爷记忆力很好
    B．王大妈记忆力很好
    C．王大爷把东西写在了纸上
    D．老王夫妇的记忆力都不好

讨论题：
    1. 如果压力很大或者心情不好，你会做些什么？
    2. 请介绍一个你喜欢的幽默故事。

第十五课

给咖啡加点儿盐、
爱情等于五百棵果树

生 词

1. 情景　qíngjǐng（名）scene, sight
2. 咸　xián（形）salted
3. 算是　suànshì（动）当做，作为
4. 必定　bìdìng（副）一定会这样
5. 临终　línzhōng　人将要死的时候
6. 娶　qǔ（动）男人把女人接来结婚
7. 委屈　wěiqū（动、形）受到不应该有的批评或对待，心里感到难受
8. 舍得　shěde（动）愿意让出来、放弃、牺牲
9. 嫁　jià（动）女人结婚
10. 丑　chǒu（形）ugly
11. 折磨　zhémó（动、名）在身体上或者在精神上受痛苦
12. 命　mìng（名）命运
13. 打架　dǎjià（动）to come to blows, to fight
14. 迫切　pòqiè（形）需要得很急
15. 宠爱　chǒng'ài（动）（上对下）非常喜爱
16. 口红　kǒuhóng（名）lipstick
17. 串　chuàn（量）string, bunch (measure word)
18. 荔枝　lìzhī（名）litchi
19. 皇后　huánghòu（名）皇帝的妻子
20. 养老　yǎnglǎo（动）给老人生活需要的吃的、用的或钱
21. 扑　pū（动）to throw oneself on, to pounce on
22. 怀　huái（名）bosom
23. 着想　zhuóxiǎng（动）（为某人或某事的利益）考虑
24. 老年　lǎonián（名）指六七十岁以上的年纪
25. 通俗　tōngsú（形）popular, common

145

专有名词

1. 安娜　　　　Ānnà　　人名　Anna
2. 彼德　　　　Bǐdé　　人名　Peter
3. 孙丽萍　　　Sūn Lìpíng　人名
4. 陈伟强　　　Chén Wěiqiáng　人名

语法点

1. 副词：**竟然**　　这么好的工作你竟然不喜欢。
2. 副词：**万万**　　我万万没想到这次考试我会不及格。
3. 副词：**白**　　你说也白说，他根本不会听你的。

一、听句子，填空：

1. 当时的<u>情景</u>很让人感动，我一辈子都忘不了。
2. 今天中午的菜太<u>咸</u>了，下午我喝了很多水。
4. 相信我，只要你认真、努力，你的汉语水平<u>必定</u>会提高。
5. 没想到这儿的风景<u>竟然</u>这么美。
6. 那个地方十分危险，你<u>万万</u>不能去。
7. 他<u>娶</u>了一个非常漂亮的姑娘做妻子。
8. 这个病<u>折磨</u>了他很多年，他上过很多医院，吃了很多药都没效果。
9. 他希望出国留学的愿望非常<u>迫切</u>，所以正在到处联系学校。
10. 小玲考试考了99分，爸爸还骂她，她觉得<u>委屈</u>极了。
11. 这是我最喜欢的一本书，实在不<u>舍得</u>送给你，你另外挑一本，行吗？
12. 那孩子一看见妈妈，就高兴地<u>扑</u>了过去。
13. 不要只想着自己，应该多为别人<u>着想</u>。
14. 昨天我上街想买点儿自己喜欢的小说和杂志，结果<u>白</u>跑了一趟，什么都没有买到。
15. 这篇小说<u>通俗</u>易懂，大家不妨读一读。

二、听句子，根据要求选择正确答案：

1. 时间过了这么久，他竟然还记得我们第一次见面的情景。
   问：句子的意思是什么？
   　　A. 这么长时间我第一次见到他
   　　B. 我以为他早就忘记了我们第一次见面的事情
   　　C. 我们很久没见面了
   　　D. 他过了很久才想起我

2. 我万万想不到，那么漂亮的小林会嫁给那么丑的小刘。
   问：从句子中可以知道什么？
   　　A. 我原来以为小林和小刘不可能结婚
   　　B. 小林是丈夫，小刘是妻子
   　　C. 小刘很漂亮，小林很难看
   　　D. 我早就知道他们会结婚

3. 老王夫妇迫切地想回到家乡去养老。
   问：老王夫妇很想做什么？
   　　A. 出去看看
   　　B. 回家乡生活
   　　C. 回家乡看看
   　　D. 以上答案都不对

4. 小红在学校受了委屈，一回家就扑在妈妈的怀里哭了好久。
   问：从这句话可以知道什么？
      A. 小红在学校瘦了
      B. 小红心里很难受
      C. 妈妈看见小红哭了，就过来抱她
      D. 小红坐在妈妈旁边哭了好久

5. 这个小区老年人很多，设计花园时要多为老人着想。
   问：下面哪句话和原句的意思不符？
      A. 要让老人感到方便
      B. 要为老人考虑
      C. 要从方便老年人的角度去设计
      D. 要让老年人多想想

6. 这是本通俗小说，你必定看得懂。
   问：这句话的意思是什么？
      A. 你不一定看得懂
      B. 你必须看懂
      C. 你一定看得懂
      D. 这本小说很难懂

7. 人们万万没有想到，在病痛折磨了他20多年后，他竟然又站了起来。
   问：下面哪句话与原句的意思不符？
      A. 他病了20多年
      B. 人们原来以为他再也站不起来了
      C. 病痛让他痛苦了20多年
      D. 站起来让他非常痛苦

8. 我女儿出国留学的愿望是那么迫切，我不舍得都不行啊！
   问：从这句话中可以知道什么？
      A. 我不愿意女儿离开我
      B. 我不许女儿出国
      C. 我坚持要让女儿出国
      D. 女儿认为出不出国都没关系

9. 要是小张不戒烟，小王必定不会娶她。
   问：从这句话可以知道什么？
      A. 小张戒烟了
      B. 小张和小王结婚了
      C. 小张是女的
      D. 小王一定要娶小张

10. 那家公司迫切需要一个大学毕业生，对我来说，也算是一个好机会吧！

    问：下面哪句话与原句的意思不符？

        A．我是大学毕业生

        B．那家公司急需一个大学毕业生

        C．到那家公司工作对我来说是个好机会

        D．其实我不想去那里工作

三、听对话，选择正确答案：

1．甲：老陈白养了那么多孩子，没一个愿意给他养老的。

    乙：他的命真不好。

    问：从对话中可以知道：

        A．老陈的孩子很多

        B．老陈没有一个孩子

        C．老陈的孩子不愿意照顾他

        D．A和C

2．甲：听说小赵出事了是吗？

    乙：唉！在饭店，就为菜太咸，饭店的人又不肯换就跟人家打起来了。

    问：从对话中可以知道：

        A．小赵喜欢吃咸的菜

        B．小赵不肯换菜

        C．小赵跟人打架了

        D．小赵打了一个小孩儿

3．男：陈丽，还记得这个公园吗？

    女：哪里忘得了？你介绍我认识王伟就是在这个公园！

    男：30多年了，你竟然还记得这件事。

    女：我跟王伟认识以后，他天天跟着我，说要娶我，可是我又不太想嫁给他。

    男：可是最后你还是嫁给他了。

    女：可能这就是命吧！

    男：国外的生活怎么样？

    女：怎么都不习惯！王伟临终前的情景我永远都忘不了，他抓着我的手说："回去养老吧！"他知道我想回来。

    男：那你为什么不早点儿回来呢？

    女：舍不得孩子啊！王伟又生病，走不开啊！现在，孩子大了，王伟也去世了，可以为自己着想一下了。

    男：我们这些老同学都以为你在国外过着皇后一样的生活，不想回来了。万万没想到你竟然这么想念家乡。

    女：是啊！所以我跟孩子们说了，我决定在这儿养老。

问：

(1) 这两个人的关系是什么？
    A．夫妇
    B．母子
    C．老同学
    D．哥哥和妹妹

(2) 陈丽为什么会和王伟结婚？
    A．王伟折磨他
    B．王伟老跟着她
    C．上天决定的
    D．对话中没提到

(3) 王伟现在怎么样？
    A．在国外生活
    B．在家乡养老
    C．去世了
    D．生病住在医院

(4) 陈丽为什么不早点儿回来？
    A．不愿意离开孩子
    B．王伟生病需要照顾
    C．过着皇后一样的生活
    D．A和B

(5) 陈丽决定做什么？
    A．过皇后一样的生活
    B．在家乡养老
    C．出国照顾孩子
    D．经常想念家乡

给咖啡加点儿盐

安娜清楚地记得第一次见彼德的情景。那是在一个咖啡馆里，年轻美丽的安娜看着沉默害羞的彼德，心里很失望，只想赶紧回去。突然，彼德对服务员说："麻烦你拿点儿盐来，我喝咖啡习惯放点儿盐。" 安娜好奇地问："为什么要加盐呢？"彼德沉默了一会儿，说："小时候，我家住在海边，我老是在海里泡，嘴里常常是海水又苦又咸的味道，现在，很久没回家了，给咖啡加点儿盐，就算是想家的一种表现吧。" 安娜很感动，她认为，想家的男人必定是爱家的，于是她也跟彼德说起了自己的故乡。那天他们聊了很久。

后来，他们结婚了。幸福的生活一过就是40多年，直到彼德前不久得病去世。

临终前，彼德给安娜写了封信。信里说："还记得第一次请你喝咖啡吗？<u>当时我太紧张了，不知怎么想的，竟然叫服务员拿盐来，其实我没有在咖啡里加盐的习惯。我万万没想到，因为我的欺骗，我喝了半辈子加盐的咖啡。</u>我不敢告诉你，怕你会因此离开我。现在我不怕了，我想告诉你，这辈子得到你是我最大的幸福，如果有下辈子，我还希望娶你，只是，我不想再喝加盐的咖啡了！"

信的内容让安娜感动得眼泪直流，丈夫为了她，竟然委屈了自己半辈子，无论如何安娜不舍得用"欺骗"来形容深爱自己的丈夫。

（根据《读者》同名文章改写）

一、回答问题：

1. 安娜和彼德第一次见面是在什么地方？咖啡馆

2. 彼德请服务员拿什么？盐

3. 彼德说他小时候住在什么地方？海边

4. 海水的味道是怎么样的？又苦又咸

5. 他们一起生活了多少年？40多年

二、判断句子正误：

1. 安娜一见彼德心里就很满意。（×）

2. 彼德跟安娜谈起了自己的故乡。（✓）

3. 安娜认为想家的男人一定爱家。（✓）

4. 其实彼德早就想好要在咖啡里放盐。（×）

5. 安娜并不认为丈夫欺骗了她。（✓）

三、选择正确答案：

1. 彼德解释放盐的原因时没有提到哪一项？

A．家住在海边

B．老是在海里泡

C. 在家喝咖啡时总是放盐

D. 很久没回家了

2. 安娜听了彼德的话为什么很感动?

A. 因为她也想家

B. 因为她认为彼德是个想家爱家的男人

C. 因为彼德小时候生活很苦

D. 因为她也是在海边长大的

3. 彼德为什么不敢告诉安娜真实的情况?

A. 因为他很怕安娜

B. 因为他喜欢喝放盐的咖啡

C. 因为他要去世了

D. 因为怕安娜离开他

4. 临终前,彼德想告诉安娜的不包括哪一项?

A. 最大的幸福是娶到安娜

B. 如果有下辈子还想娶安娜

C. 不再怕安娜了

D. 不想再喝放盐的咖啡了

5. 安娜看完信后为什么流眼泪?

A. 委屈

B. 感动

C. 伤心

D. 失望

爱情等于五百棵果树

孙丽萍30岁，很漂亮，她刚嫁给了一个50岁、长得又黑又丑的修鞋师傅。

这是孙丽萍的第二次婚姻。第一次婚姻让孙丽萍受尽了折磨。从结婚那天起她就没过过一天好日子，丈夫喝了酒就打她；生了女儿后，打得更厉害了。她以为这就是她的命，除了忍受伤害，她从没想过要改变自己的婚姻。可是，丈夫突然死了，是喝多了酒和人打架被打死的。孙丽萍迫切地想逃离那个地方，于是跟着介绍人来到了城里，嫁给了50岁的陈伟强师傅。

陈师傅非常宠爱孙丽萍，经常给她买东西，一支口红，几串荔枝什么的，孙丽萍从来没有用过口红，更不用说吃荔枝了，她觉得自己比皇后还要幸福。

有一天，陈师傅对孙丽萍说，总有一天我会先离开这个世界，我们现在的钱还不多，再挣几年钱，给你养老应该没有问题，我在地里还种了五百棵果树，等我走了，这五百棵果树也长大了，我相信这五百棵果树也能养活你！

孙丽萍扑到陈师傅怀里，哭了。这一辈子没有人替她着想过，而这个男人甚至给她想到了老年，<u>她觉得自己这辈子没白活</u>，因为她终于知道了，男女之间还有一种叫爱情的东西。

两年后，他们有了个儿子，儿子的名字非常通俗，叫幸福。

（根据《读者》同名文章改写）

一、回答问题：

1. 陈师傅是做什么的？ 修鞋的
2. 陈师傅长得怎么样？ 又黑又丑
3. 孙丽萍为什么能够忍受第一个丈夫的折磨？ 她认为这是命
4. 陈师傅为什么给孙丽萍种树？ 给她养老
5. 他们结婚几年后生的儿子？ 两年

二、判断句子正误：

1. 陈师傅比孙丽萍大30多岁。（×）
2. 第一个丈夫希望孙丽萍生儿子。（✓）
3. 第一个丈夫死后，孙丽萍很想马上离开那个地方。（✓）
4. 孙丽萍的第一个丈夫是喝酒喝死的。（×）
5. 陈师傅只给孙丽萍买口红和荔枝。（×）

三、选择正确答案：

1. 关于孙丽萍的第一次婚姻，哪一项是正确的？
   A. 她喝酒，丈夫就打他
   B. 生了女儿后，丈夫开始打她
   C. 她没过过一天好日子
   D. 她想改变自己的婚姻

2. 孙丽萍是怎么认识陈师傅的?
   A. 修鞋的时候
   B. 到城里玩儿时
   C. 喝酒的时候
   D. 别人介绍的

3. 从哪里看出陈师傅宠爱孙丽萍?
   A. 经常给她买东西
   B. 挣钱给她养老
   C. 种树给她养老
   D. A、B 和 C

4. 孙丽萍知道陈师傅为她种树后,为什么哭了?
   A. 没人为她考虑老年
   B. 非常感动
   C. 不知道什么叫爱情
   D. 白活了一辈子

5. 为什么他们叫孩子幸福?
   A. 因为他们觉得自己的婚姻很幸福
   B. 因为他们觉得自己不幸福
   C. 因为他们担心将来不幸福
   D. A 和 C

讨论题:

1. 有句话说:"幸福的家庭都是一样的。"你同意这句话吗?请谈谈你对幸福家庭的理解。
2. 请说出几件让你感觉幸福的事情。

第十六课

单元测试（二）

第一部分

1. 他们正在千方百计地引进外资。
   问：这句话的意思是什么？
   A. 他们引进了几千万外资
   B. 他们引进了几百万外资
   C. 他们想了很多办法来引进外资
   D. 他们已经引进了很多外资

2. 不是我不舍得给你这个电饭锅，是我老婆不让我给。
   问：从这句话可以知道什么？
   A. 我不愿意给你电饭锅
   B. 我妻子不愿意给你电饭锅
   C. 我妈妈不让我给你电饭锅
   D. 我妻子舍得给你电饭锅

3. 他万万没有想到自己竟然只考了第五名。
   问：句子的意思是什么？
   A. 他早知道自己没考好
   B. 他原来以为自己考得很好
   C. 考第五名对他来说是好成绩
   D. 想不到他在一万个人里可以考第五名

4. 小赵，你心眼儿真好，千山万水地特地来看我。
   问：说话人觉得小赵怎么样？
   A. 身体好，能爬山
   B. 是好人，老远地专门来看望她
   C. 很好，出差顺便来看她
   D. 眼睛好，看得特别远

5. 拿了个亚军，就得意得不行，要是得个冠军，那不得飞上天了。
   问：说话人的语气怎么样？

A. 气愤

B. 嘲笑

C. 伤心

D. 糊涂

6. 俗话说："笑一笑，十年少。"意思是笑可以使人年轻。

　　问：从这句话可以知道什么？

A. 多笑可以使人年轻

B. 少笑可以使人年轻

C. 笑十年可以使人年轻

D. 年轻人爱笑

7. 依照这个地方的习俗，农历1月2日结了婚的女儿要回父母家。

　　问：这个地方农历1月2日有什么习俗？

A. 成了家的女人要回父母家

B. 有女儿的女人要回父母家

C. 在外地工作的女儿要回父母家

D. 父母要去结了婚的女儿家

8. 小王，我明明告诉过你要记住妈妈的生日，你怎么不听呢？

　　问：说话人是什么意思？

A. 小王忘记了妈妈的生日

B. 小王不知道应该记住妈妈的生日

C. 小王把妈妈的生日记在心里了

D. 明天是小王妈妈的生日

9. 小赵跟他老婆往常都是一块儿出门的，今天怎么了？

　　问：从这句话可以知道什么？

A. 小赵老是不出门

B. 小赵今天没有和妻子一起出门

C. 小赵常常不和妻子一起出门

D. 小赵常常和丈夫一起出门

10. 小王，你出去买豆浆的时候，顺手帮我买个包子。

　　问：小王为什么出去？

A. 买豆浆

B. 买包子

C. 洗手

D. 走走

11. 他现在正发火呢，你等他冷静下来再去跟他说。
　　问：哪一项的意思和原句不符？
　　　　　A. 他现在非常生气
　　　　　B. 最好现在不要去跟他说
　　　　　C. 你再去找他说说看
　　　　　D. 等他没那么生气了再跟他说

12. 关于你调动的事，你不妨问问陈秘书。
　　问：说话人的意思是什么？
　　　　　A. 不要问陈秘书
　　　　　B. 问陈秘书不方便
　　　　　C. 不要把陈秘书调走
　　　　　D. 可以问陈秘书

13. 别老皱着个眉头，不就是和女朋友分手吗？
　　问：说话人的意思什么？
　　　　　A. 不要这么烦恼
　　　　　B. 皱眉头容易老
　　　　　C. 皱眉头女朋友会提出分手
　　　　　D. 和女朋友分手让人烦恼

14. 这是王辉第三次打入决赛。
　　问：王辉的比赛结果可能会怎么样？
　　　　　A. 得冠军
　　　　　B. 得亚军
　　　　　C. 得第三名
　　　　　D. A 或者 B

15. 即将毕业了，我们彼此都很不舍得。
　　问：说话人的意思是什么？
　　　　　A. 还有很久才毕业
　　　　　B. 不应该毕业
　　　　　C. 不愿意离开同学
　　　　　D. 毕业了，同学们互相很想念

第二部分

16. 女：口渴吗？别吃香蕉了，吃个梨吧，水分足。
    男：懒得削皮，我还是喝凉开水吧！
    问：男的是什么意思？
    　　A．没有梨了
    　　B．梨的水分不多
    　　C．不想削皮
    　　D．只想喝两杯开水

17. 男：咦？小刘，你往常不都是和小赵一块儿出门的吗？
    女：唉！他呀，昨晚喝了酒和人打架，现在在医院呐！
    问：从对话中可以知道什么？
    　　A．小赵喝酒了
    　　B．小赵正和人打架
    　　C．小赵打架进了医院
    　　D．A 和 C

18. 男：听说你是北方人，你老伴儿是南方人。
    女：可不是！我爱吃面条，他爱吃米饭。
    问：下面哪一项跟原句的意思不符？
    　　A．他们成长背景不同
    　　B．他们现在在不同的地方生活
    　　C．他们喜欢吃的东西不一样
    　　D．他们的生活习惯有差异

19. 甲：这种新牌子的电冰箱，耗电量小，功能齐全，价钱也不贵，买的人必定很多。
    乙：难说，有的人喜欢买名牌电器，认为电器越贵质量越好。
    问：从以上的对话可以知道，有的人买电器喜欢：
    　　A．名牌的
    　　B．用电少的
    　　C．便宜的
    　　D．功能齐全的

20. 甲：这个季度的产量跟上个季度相比，怎么样？
    乙：毫无突破。
    问：这个季度的产量怎么样？
    　　A．没有产量
    　　B．跟前三个月差不多
    　　C．比前三个月多
    　　D．比上个月少

21. 甲：那块色彩鲜明的标志牌代表什么意思？
    乙：不能停车。咱们过了这儿再找地方停车吧！
    问：他们在哪儿谈话？
        A．车上
        B．停车场
        C．标志牌下面
        D．电影院

22. 男：妈，您还是留在城里吧，以便我们照顾您。
    女：你们要真替我着想，就让我回家乡养老。
    问：第二个人的意思是什么？
        A．孩子们不好
        B．孩子们不想照顾她
        C．自己想回家乡生活
        D．不想为孩子们着想

23. 甲：你怎么穿这么红的裤子，太可笑了！
    乙：你以为我想穿哪！是我老婆一定要我穿的，她说穿红裤子可以战胜对手。
    问：从第二个人的话中可以知道什么？
        A．他妻子喜欢红色
        B．他妻子很迷信
        C．他相信穿红裤子可以赢
        D．他喜欢红裤子

24. 甲：参加不参加男子团体赛，我思考了一个夜晚。
    乙：嗨！你想也是白想，你决定得了吗？
    问：第二个人的话是什么意思？
        A．你决定不了
        B．你要参加团体赛
        C．你不用参加团体赛
        D．对话里没有提到

25. 甲：清晨我的记忆力特别好，所以我习惯早上看书。
    乙：我喜欢晚上，大家都睡了，我可以一心一意地看书。
    问：第二个人的习惯是什么？
        A．早上睡觉
        B．清晨学习
        C．晚上学习
        D．每晚看一本书

26. 甲：那个夜晚我们唱了又跳，跳了又唱，别提有多高兴了！

    乙：是啊！那情景和气氛，每个参加的人都不会忘记。

    问：关于那个晚上，哪一项是正确的？

    　　A．他们一直在唱歌、跳舞

    　　B．他们很不高兴

    　　C．他们只唱歌，没跳舞

    　　D．他们很气愤

27. 甲：小王，昨天怎么没来打球啊？

    乙：接连几个朋友到我家串门，哪有时间啊！

    问：第二个人的意思是什么？

    　　A．有七个朋友到他家玩儿

    　　B．有几个朋友一起去他家玩儿

    　　C．朋友们一个接一个地去他家玩儿

    　　D．朋友们来帮他修门

28. 甲：听说肖玲的丈夫总是喝了酒就打她，她怎么能忍受这样的折磨。

    乙：唉！她太软弱了，要不然早就离开丈夫了。

    问：第二个人的意思是什么？

    　　A．肖玲没有勇气离开丈夫

    　　B．肖玲早就离开丈夫了

    　　C．肖玲不想离开丈夫

    　　D．肖玲身体不好，不能离开丈夫

29. 甲：王刚这学期接二连三地考第一名，还获得优秀学生的荣誉，真了不起！

    乙：人家有动力嘛！陈小花说了，只要王刚接连两年在班上考前三名，就做他的女朋友。

    问：下面哪一项与对话的意思不符？

    　　A．王刚考了几次第一名

    　　B．王刚是优秀学生

    　　C．王刚希望陈小花做他的女朋友

    　　D．陈小花希望王刚考第三名

30. 甲：老陈的水平肯定比那个年轻的对手强，怎么比分会是这样？

    乙：老陈的心理素质还是不行，一看对手打得顽强，就缩手缩脚，不敢进攻。

    问：老陈打球打得怎么样？

    　　A．很顽强

    　　B．一直进攻

    　　C．很被动

    　　D．心理素质很好

31. 甲：在民间传说里，心眼儿好的人大都长得好看。
    乙：可不是！心眼儿坏的人都长得比较丑。
    问：从对话里可以知道什么？
        A．我们家乡好人长得好看
        B．故事里好人全部都很好看
        C．我们家乡眼睛不好的人长得丑
        D．故事里好人大多数都长得漂亮

32. 甲：这种牌子的电器又好看又实用，耗电量也不大，价钱怎么样？
    乙：我想这个价钱大众能够接受。
    问：关于这种牌子的电器，哪一项的意思不正确？
        A．好看
        B．实用
        C．很贵
        D．耗电量不大

33. 甲：听说王大妈一直在尝试用废纸废布制作工艺品。
    乙：对！她做的工艺品很有民族色彩，得到很多人的赞扬。
    问：关于王大妈的工艺品，对话中没有提到的是哪一项？
        A．是用废纸废布做的
        B．颜色很好看
        C．有民族特点
        D．很多人都说好

34. 甲：我们公司工作量太大，人情太复杂，我实在忍受不了了！
    乙：小赵，你最好去找个心理医生看看，减轻一下压力。
    问：从第二个人的话中可以知道什么？
        A．小赵的压力太大了
        B．小赵应该做医生
        C．小赵最好找个新医生看病
        D．小赵的工作量应该减少

35. 甲：我已经接连几个星期没有休息了，简直累得不行！
    乙：牺牲健康挣再多的钱都不值得，你要小心身体啊！
    问：第二个人的意思是什么？
        A．一个星期不休息没什么
        B．不应该为了钱放弃健康
        C．七个星期不休息要小心身体
        D．几个星期不休息会累死

第三部分

赵刚的伯伯是个很有学问的天文学家，赵刚从小也对天文感兴趣，跟着伯伯观察星星、月亮什么的。这些年赵刚一心一意地学天文，丝毫不考虑结婚的事情，赵妈妈着急得不行。一天，赵妈妈对赵刚说："你呀，只会看星星，不会娶老婆，老了怎么办？"赵刚笑了，他说："您别着急，星星我摘不下来，老婆必定能娶回来。"

36．关于赵刚，哪一项不正确？
　　A．对天文感兴趣
　　B．学习天文很专心
　　C．一点儿都不关心自己的妻子
　　D．一点儿都不关心找女朋友的事

37．赵刚最后的回答是什么意思？
　　A．肯定会结婚
　　B．只想观察星星
　　C．不一定要结婚
　　D．结婚没有必要

162

　　丽萍：安娜，春节即将到了，你愿意跟我回家看看中国人怎么过春节吗？
　　安娜：那太好了，谢谢你，丽萍！听说春节是中国民间最重要的节日。
　　丽萍：对！过春节又叫过年。依照习俗，在外地的孩子这一天都要回到父母身边。
　　安娜：怪不得你千山万水地也要回去。中国人庆祝春节的形式每个地方都不同吗？
　　丽萍：大致相同，也有一些差异，比如吃的东西各地就不太一样。你不妨每年去一个地方看一看。
　　安娜：好主意！我要带上我的照相机，以便把你们庆祝春节的整个过程拍下来，寄回去给我父母看，他们一定觉得很有意思。

38．安娜为什么感谢丽萍？
　　A．丽萍愿意和她过年时去爬山
　　B．丽萍邀请她回家过年
　　C．丽萍给她做吃的东西
　　D．丽萍借给她照相机

39. 对话中提到春节的什么习俗？
    A. 父母要到孩子身边
    B. 孩子要跟父母去爬山
    C. 父母要带孩子外出拜年
    D. 孩子要回到父母身边

40. 下面哪个说法不对？
    A. 丽萍现在离家很远
    B. 丽萍会和安娜一起回家
    C. 中国各地过年的形式有很大差异
    D. 各地过年吃的东西不太一样

41-42 题是根据下面这段话：

　　昨天晚上，在市体育馆举行了今年全国乒乓球比赛的男子单打决赛，有超过5000人观看。进入决赛的是广东队的赵强和上海队的王刚。比赛一开始王刚就接二连三地发起进攻，以2:0领先。第三局，赵强冷静下来，顽强拼搏，充分发挥他旋转球的优势，接连拿下四局，最终以4:2战胜了对手。

163

41. 前两局，赵强打得怎么样？
    A. 顽强
    B. 冷静
    C. 被动
    D. 积极

42. 下面哪个说法不对？
    A. 有5000多人观看决赛
    B. 王刚的优势是旋转球
    C. 比赛结果是4:2
    D. 赵强是广东队的

43-45 题是根据下面这段对话：

　　男：小玲，我万万没想到你竟然会嫁给老陈。虽说他是诗人，可是他比你大那么多，长得又丑。
　　女：谁说他长得丑！我觉得他长得很有特点，而且他对我特别好。
　　男：他想娶你当然对你好啦！
　　女：你看他每个星期都特地去郊区买我最爱吃的纯肉馅儿饺子送给我。
　　男：你居然就为了几个饺子嫁给他？
　　女：当然不是。和他在一起我很快乐，他说话非常有意思，常常让我笑个不停。

43．男的认为老陈怎么样？
　　A．很会包饺子
　　B．不好看
　　C．年纪大
　　D．B 和 C

44．女的认为老陈怎么样？
　　A．长得丑
　　B．爱吃
　　C．幽默
　　D．爱笑

45．老陈为什么每个星期去郊区？
　　A．和小玲去吃饺子
　　B．给小玲买饺子
　　C．出差
　　D．送人

46—47 题是根据下面这段话：

　　俗话说："饭后百步走，活到九十九。"每个人都应该在吃完饭后，到环境良好、宁静的地方散散步。散步可以减轻压力，让人心情舒畅；可以思考一些平时没有时间思考的问题。关于散步的速度，可以依照自己的身体情况选择快走或者慢走。

46．这段话中的那句俗话是什么意思？
　　A．吃完饭不要走
　　B．吃完饭应该走一百步
　　C．饭后散步可以长寿
　　D．边吃边走可以活到 99 岁

47．下面哪个说法不对？
　　A．应该去环境好的地方散步
　　B．散步可以让人心情舒畅
　　C．散步时可以想问题
　　D．快走比慢走好

48–50题是根据下面这段对话：

男：小刘，往常见你都是高高兴兴的，今天怎么皱着眉头啊？

女：王爷爷，我的钱包丢了。

男：哟！怎么回事啊？

女：我爸叫我去买电饭锅，路上有人打架，我过去看了一下，估计就在那个时候被偷了。

男：那你告诉爸爸了吗？

女：说了，可说了也白说，他不相信我。他认为那是个借口，说肯定是我自己把钱花了，他气愤得不行，骂了我一顿。您说我委屈不委屈！

男：你爸爸居然不相信自己的孩子，太过分了。走，我去你家串串门，跟你爸谈谈。

女：王爷爷，您心眼儿真好！

48．小刘为什么心情不好？

　　A．没买到电饭锅

　　B．眉头老是皱着，很疼

　　C．和人打架

　　D．丢了钱包，但爸爸不相信

49．小刘爸爸气愤的原因是什么？

　　A．钱包丢了

　　B．钱被偷了

　　C．认为女儿骗他

　　D．女儿不肯说丢钱的原因

50．从对话中可以知道什么？

　　A．小刘很委屈

　　B．小刘不委屈

　　C．小刘把钱花了

　　D．钱被偷了是个借口

生词表

166

167

生词表

168

生词表

图书在版编目（CIP）数据

阶梯汉语．中级听力．课本．第 3 册 / 周小兵主编 .—北京：华语教学出版社，2004
ISBN 978-7-80200-027-8

I．阶…　II．周…　III．汉语—听说教学—对外汉语教学—自学参考资料　IV．H195.4

中国版本图书馆 CIP 数据核字（2004）第 100484 号

阶梯汉语·中级听力

（课本·第 3 册）

丛书主编　周小兵

策划编辑：单　瑛
责任编辑：贾寅淮
封面设计：石　宏
印刷监制：佟汉冬

*

© 华语教学出版社
华语教学出版社出版
（中国北京百万庄大街 24 号　邮政编码 100037）
电话：(86)10-68320585
传真：(86)10-68326333
网址：www.sinolingua.com.cn
电子信箱：hyjx@ sinolingua.com.cn
北京市松源印刷有限公司印刷
中国国际图书贸易总公司海外发行
（中国北京车公庄西路 35 号）
北京邮政信箱第 399 号　邮政编码 100044
新华书店国内发行
2005 年（大 16 开）第一版
2009 年第一版第二次印刷
（汉英）
ISBN 978-7-80200-027-8
定价：46.00 元

Step By Step Chinese

策划编辑：单 瑛
责任编辑：贾寅淮
封面设计：火天堂 石 宏
印刷监制：佟汉冬

《初级读写》《初级听力》《中级精读》《中级听力》《高级精读》
《初级口语》《初级汉字》《中级口语》《中级阅读》《高级口语》

● **层级递进** 初、中、高内部细分层级；据《高等院校外国留学生长期汉语进修大纲》控制字词和语法点；逐级递进，步步提高。
Progressing by grades Different grades are divided within each level; grammar points and vocabulary are based on <The Outline of Studies for Long-term Chinese Courses of Foreign Students in Chinese Colleges>; progressing step by step.

● **系统周密** 语言知识系统，听、说、读、写技能齐备；课型特点分明，技能训练周密，促进教学互动。
Well-conceived system Systematic language knowledge, dealing with all skills of the language; unique text designs; comprehensive training on listening, speaking, reading and writing skills; promoting the interaction between teaching and learning.

● **时效突出** 使用当代通用的普通话，语料真实，练习交际化，学完能用。跟汉语水平考试(HSK)紧密接轨。
Most up-to-date information The most current commonly-used mandarin Chinese, truthful language material, practical exercises. Closely compatible with the HSK test.

● **科学实用** 科学编排课文、语言点、解释和练习；语言实用，图表齐备，好学好教。
Scientific and practical Texts, language points, notes and exercises are arranged scientifically; practical language and various tables and graphs make things easy both for students and for teacher.

● **趣味多样** 课文生动有趣，内容丰富多样。关注世界话题，沟通中外文化。以包容态度对待异同，实现跨文化交际。
Interesting and rich contents Interesting and lively texts with rich contents. Focusing on world issues, linking up Chinese and foreign cultures. Treating differences with tolerance while seeking common ground, helping make trans-cultural communication.

ISBN 978-7-80200-027-8

9 787802 000278

定价：46.00元